OBERTO AIRAUDI

CURSO DE HIPNOSIS EN 13 LECCIONES

Aprenda, de modo rápido y eficaz,
a ser un experto hipnotizador

Cómo utilizar la hipnosis y la autohipnosis
para obtener lo mejor de sí mismo
y de la vida

LA TABLA DE ESMERALDA

Título del original italiano:
CORSO DI IPNOSI IN 13 LEZIONI
Traducción de:
FELICITAS DI FIDIO

© 1984. Casa Editrice MEB.
© 1992. De la traducción, Editorial EDAF, S. A.
© 1992. Editorial EDAF, S. A. Jorge Juan, 30, Madrid.
Para la edición en español por acuerdo con EULAMA, S. R. L., ROMA (Italia).

No está permitida la reproducción total o parcial de este libro, ni su tratamiento informático, ni la transmisión de ninguna forma o por cualquier medio, ya sea electrónico, mecánico, por fotocopia, por registro u otros métodos, sin el permiso previo y por escrito de los titulares del Copyright.

ISBN: 84-7640-583-9
Depósito Legal: M. 15.765-1992

PRINTED IN SPAIN   IMPRESO EN ESPAÑA

Gráficas Rogar, S. A. - Pol. Ind. Cobo Calleja - Fuenlabrada (Madrid)

Este libro está dedicado a
Benedetto Lavagna

ÍNDICE

Páginas

PREFACIO 15

1.ª LECCIÓN 19

Conciencia y subconsciencia. Las técnicas subliminales. Cómo defendernos de la técnica subliminal. Lo que es «real» y lo que es «casi-real». La sugestión y su acción sobre la conciencia y el inconsciente. Significado de la hipnosis. Entrenamientos.

2.ª LECCIÓN 27

Prepararse a tener las condiciones fundamentales para ser hipnotista. La concentración. El ambiente. El lenguaje. Algunas sugerencias. Posibles preguntas de los asistentes sobre la hipnosis. Qué tiene que decir el hipnotizador al sujeto. Obligaciones que debe respetar el operador. Cómo localizar a los sujetos idóneos para ser hipnotizados. Prueba de relajación. Gráfico de la disponibilidad para la relajación.

3.ª LECCIÓN 39

Experimentos prehipnóticos. La caída hacia atrás. Modalidades para la «caída hacia atrás». Algunas palabras sobre la «cuenta». Variante magnética. Variante telepática. Resumen de las modalidades de la caída hacia atrás. Qué finalidad tiene la prueba de la caída. Porcentajes y significados de ocho maneras distintas de caer. Advertencias para los entrenamientos.

Páginas

4ª LECCIÓN 51

Caída hacia atrás. Gráfico de tensión y sugestionabilidad. Qué ocurre en la psique del sujeto durante la caída hacia atrás. Mejorar los efectos de la acumulación debida a la repetición de la prueba. La caída hacia adelante. Gráfico de las dos voces anteriores. Gráfico-ecala de sugestionabilidad en las distintas fases. La caída hacia adelante con los ojos cerrados. Distintas modalidades para ejercer la atracción magnética en la caída hacia adelante con los ojos cerrados. Otra posible prueba: la rotación del sujeto. La caída hacia adelante con los ojos abiertos. En resumen, para la caída hacia adelante con ojos abiertos, procederemos de la siguiente manera. Ejercicios.

5ª LECCIÓN 61

Entrelazar las manos. Distintas maneras de entrelazar las manos. Tiempo de los experimentos. Autocontrol, preparación para la autohipnosis. Sugerencias... y posibilidades. El control del latido del corazón. Modalidades para el control del latido del corazón. El control de la temperatura del cuerpo. Para detener una hemorragia. Corazones suplementarios. Modalidades para suscitar corazones suplementarios. Cómo «limpiar» los pulmones. Tiempos para la depuración de los pulmones. Conclusión. Resumen de los ejercicios para el autocontrol. Resumen del ejercicio para el corazón suplementario. Resumen del ejercicio para depurar los pulmones. Ejercicios. Autocontrol.

6ª LECCIÓN 75

Los bloqueos. El bloqueo sobre la silla. Otras dos técnicas para el «bloqueo sobre la silla». Resumen del «bloqueo en la silla». Para desbloquear. Ejercicios.

7ª LECCIÓN 83

El bloqueo del brazo. El bloqueo ocular. Insensibilización del brazo tras el bloqueo ocular. Despertar del sujeto. Bloqueo en movimiento: experimentos con el bastón. Entrenamientos. Los niveles de sueño hipnótico.

Páginas

8.ª LECCIÓN 93

Algunas técnicas hipnóticas. La sugestión verbal. Preparación para ahondar en el sueño hipnoidal. Modalidades para ahondar en el sueño hipnoidal. Algunas aclaraciones necesarias sobre la «visualización del prado». Adormecimiento y profundización del sueño hipnótico. Aumento de la hipnosis. Simulación de trance. Experimentos. Gráfico sobre el incremento de la hipnosis con sujeto hipnótico. Gráfico del incremento de la hipnosis con la ayuda de máquinas.

9.ª LECCIÓN 105

Hipnosis inducida con la técnica de los «pasos magnéticos». Características del aura para la hipnosis magnética. Cómo limpiar el aura. La técnica de los pasos magnéticos. Modalidades para la realización de los «pasos magnéticos». Otra variante para el adormecimiento con los «pasos magnéticos». Modalidades para despertar al sujeto de su sueño magnético. Técnica «mixta» para inducir el sueño magnético. Técnica de la hipnosis «telepática». Modalidades para la técnica telepática. Teoría de la hipnosis «directa» o por contacto. Técnica de la hipnosis «colectiva». Técnica para hipnotizar a un sujeto «durante el sueño natural». Hipnosis durante el sueño natural de los niños. Modalidades para la hipnosis durante el sueño de los niños. Hipnosis durante un sueño natural de los adultos. Una modalidad del tránsito del sueño natural al sueño hipnótico de un adulto. La levitación del brazo. Modalidades en la técnica para la «levitación del brazo». Cómo despertar al sujeto tras la «levitación del brazo». Sonambulismo. Despertar después del «sonambulismo», tras eventuales sugestiones positivas. Resumen de la «levitación del brazo» y del «sonambulismo».

10.ª LECCIÓN 125

Las «sugestiones negativas» y su realización durante la hipnosis. Modalidades para las «sugestiones negativas». Sugestión negativa para hacer los objetos pesados. Secuencia de los ejercicios con el sujeto.

Páginas

11.ª LECCIÓN 129

Las sugestiones negativas, las «órdenes poshipnóticas». Modalidades para la introducción de las «órdenes poshipnóticas». Otro ejemplo de orden poshipnótica: «hacer que un sujeto se vuelva pesado». El mecanismo de la orden poshipnótica, otras alternativas y ejemplos. La orden poshipnótica para la «rehipnotización rápida». La orden poshipnótica con la «palabra-clave». Otros experimentos y usos de la orden poshipnótica. Motivaciones de la fallida ejecución de una orden poshipnótica. Las órdenes poshipnóticas que suponen la renuncia a ciertos hábitos. Regresión de la memoria. Preliminares para las modalidades de la «regresión» y ejercicios preparatorios. Condiciones fundamentales para la regresión de la memoria. Modalidades para la realización del experimento sobre la «regresión». El mecanismo de la memoria. Regresión a la primera infancia y al momento del nacimiento. Modalidades para que la mente del sujeto vuelva al estado actual. Control de los datos facilitados por el sujeto durante la «regresión». «Revivir» hechos traumáticos en la «regresión». Resumen práctico para la «regresión de la memoria». Resumen práctico para la vuelta al estado actual. Búsqueda de vidas anteriormente vividas. Modalidades para la búsqueda de vidas anteriores. Vuelta al estado actual. Búsqueda en el futuro. La catalepsia. Modalidades para la catalepsia. Despertar del estado cataléptico. El letargo. La insensibilización. Reacciones del sujeto a la insensibilización. La función del dolor. Transposición de los sentidos y sensibilidad. La agudización de los sentidos. La transposición del sentido de la vista. Modalidades para la transposición del sentido de la vista. La orden poshipnótica en la transposición de la vista. Macrovista y microvista. Agudización del oído. Visualización de los órganos internos y autodiagnosis. Resumen general para el modo de conducir una sesión hipnótica.

12.ª LECCIÓN 171

La autohipnosis: otras posibilidades para el operador. El sueño «intenso» acelerado. Técnica para un sueño «intenso» acelerado. Descansar en un tiempo muy breve. Técnica para descansar en un tiempo muy breve. Insensibilización. Técnica de insensibilización rápida en caso de socorrismo. Técnica para la insensibilización de la zona dental. Control de la adrenalina, es decir,

ÍNDICE

Páginas

del miedo. Técnica para el control del miedo o de la adrenalina. Aumentar nuestra fuerza física. Técnica para aumentar nuestra fuerza física. Técnica que hay que utilizar en caso de mordedura de víboras. Las fichas mentales y la utilización y función de la palabra-clave. Técnica para aumentar la memoria. Otras posibilidades con las «palabras-clave». El viaje astral. Técnica de realización del viaje astral. Hipnosis directa o por contacto. Telehipnosis. Preparación del experimento de telehipnosis. Modalidades para llevar a cabo el experimento de telehipnosis. Las sensaciones del sujeto durante la telehipnosis.

13ª LECCIÓN.. 189

La hipnoterapia: otros campos de intervención y pequeñas terapias hipnóticas. El «aura» y la enfermedad. Aliviar el dolor con la «pranoterapia». Modalidades de la aplicación pranoterápica. De qué modo el operador tiene que descargarse de la energía negativa acumulada. Sugestiones positivas terapéuticas. Cómo quitar el dolor: la insensibilización. Insensibilización en caso de accidente de tráfico. Aliviar el dolor: consejos y variantes. Control de la «sensibilidad ante el dolor». Cómo aliviar el dolor en un hombro, cómo tratar una fractura al aire con la técnica de los «bloqueos». Primeros auxilios en caso de congelación. Calcificación de una fractura o cicatrización de una herida. Artrosis. Jaqueca. Histeria. Cómo prevenir las consecuencias de los accidenes de tráfico. Verrugas. Tartamudez. Algunos trastornos sexuales. Dificultades sexuales varias. La frigidez y la impotencia. La frigidez en particular. Eyaculación precoz. Anticonceptivo hipnótico, es decir, la píldora hipnótica. Piedrecitas. Trastornos hepáticos. Los exámenes, el estudiante y la memoria. Cómo quitar un vicio o un hábito compulsivo: por ejemplo, el vicio de fumar. Conclusión.

PREFACIO

En la preparación de este curso se ha tenido en cuenta en primer lugar la finalidad práctica para la que ha sido preparado.

En la redacción del mismo hemos procurado utilizar términos que estuvieran al alcance de todos, y conceptos sencillos e inmediatos.

Asimismo hemos valorado la aportación de un total de 60 informes de alumnos brillantes que han asistido a los cursos Horus, demostrando ampliamente la eficacia de los mismos.

No obstante, hay que destacar que la técnica de la enseñanza impartida en los cursos Horus no se limita a las muchas demostraciones prácticas de los distintos métodos de hipnosis, sino que se basa en técnicas telepáticas a través de las cuales se inculcan directamene en el subconsciente de los alumnos los conocimientos indispensables para la ejecución de este arte.

Para que este curso escrito fuera lo más parecido posible a la enseñanza directa, hemos introducido en el texto algunas frases, precisamente para «poner en marcha» unos mecanismos que permitirán asimilar en poco tiempo los métodos y las técnicas de hipnosis.

A nuestros cursos han asistido cientos de personas, de todas las clases sociales, y muchas de ellas están colaborando ahora con el Centro de Informaciones e Investigaciones Parapsicológicas «Horus» de Turín, enviando informes de sus experimentos y pidiendo consejos.

La dirección del Centro es la siguiente: Vía S. Secondo 42, Torino (número de Código Postal: 101). Trataremos de contestar, aconsejar y ayudar en la hipnosis a cuantos quieran escribirnos.

Se supone que cada uno de ustedes ha empezado este curso con un objetivo concreto. Una cosa es cierta: cuando ustedes lo hayan terminado, su objetivo ya no será el mismo. Ustedes tampoco serán los mismos.

Sentirán cómo su vida se va transformando día a día. Tendrán una visión distinta de lo que les rodea. Una visión más amplia y más aguda.

Se darán cuenta, con la sorpresa del niño que descubre algo fantástico, que cada cosa, cada persona, es algo o alguien que jamás se hubieran imaginado.

Ustedes mismos, en su interior, serán distintos, y así se sentirán.

Sabrán, en fin, que... «en el centro de su corazón hay una pequeña habitación que encierra todo el Universo» (Antropogénesis Egipcia).

OBERTO AIRAUDI

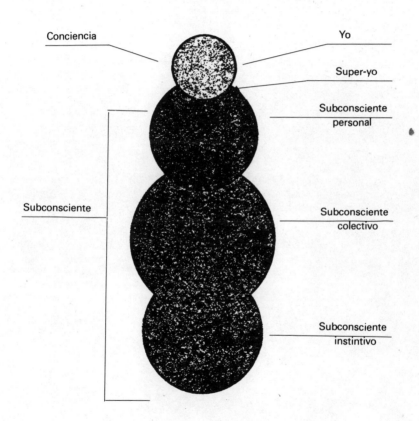

1ª LECCIÓN

Antes de entrar de lleno en el tema de la hipnosis, conviene analizar brevemente nuestra actividad psíquica, nuestra personalidad, nuestro «yo», en definitiva, para saber en qué consiste.

Consciencia y subconsciencia

La actividad psíquica del ser humano —nuestro «yo»—, está constituida fundamentalmente de dos partes:

— la parte voluntaria, y
— la parte automática.

La parte voluntaria el la *conciencia,* es decir, el discernimiento, el juicio, la razón: por medio de estas potencias, el ser humano tiene conciencia de sí mismo, de las personas y de las cosas.

La parte automática funciona sin que el ser humano se dé cuenta: es el *inconsciente,* que abarca los sentimientos, las impresiones, la memoria, la fantasía, etc...

En nuestro inconsciente se graban todas las impresiones que recibimos del exterior, o que nacen espontáneamente en nosotros, y dejan allí una huella indeleble.

En sus profundidades se elaboran los estímulos, las tendencias, los impulsos.

La proporción a favor del inconsciente, con respecto a la parte consciente, está expresada por la relación de 1 a 1.000: por lo tanto, es nuestro subconsciente quien dirige el juego de nuestra vida. Vamos a explorar ahora lo que hay bajo la superficie. Y tenemos:

- *El inconsciente primero.* Es nuestro super-inconsciente y nuestra clarividencia: es lo que, durante el sueño, comunica a nuestra conciencia una parte de las informaciones que esta no ha recogido. Es esto lo que tenemos que alcanzar para que salga a flote, para que podamos conocer todas nuestras posibilidades latentes.
  La característica de este primer nivel es la de aceptar por verdadero todo cuanto, una vez superado el examen de nuestra parte consciente, ha llegado hasta ella.
  Una vez desvelada esta debilidad, inmediatamente se nos antoja de capital importancia protegerla de los ataques que seguramente va a recibir: tomar nota de esta situación es ya de por sí un escudo precioso; y la defensa será cada vez más eficaz, conforme vayamos penetrando en la senda del conocimiento.
- *El inconsciente segundo.* Es el colectivo, el que nos permite entrar en contacto con los demás.
  Este nivel empieza a relacionarse también con la magia.
- *El inconsciente tercero.* Es el más elevado, el que va más allá del tiempo. Con el inconsciente tercero podemos entrar en contacto con las experiencias del pasado, así como predecir el futuro.

Las técnicas subliminales

Cualquier percepción procedente de estímulos que se quedan por debajo del umbral de la conciencia se llama *subliminal,* debido a su insuficiente intensidad o duración.

Acabamos de mencionar las limitaciones de nuestra conciencia y la debilidad de nuestro inconsciente primero. Unas limitaciones y una debilidad de las que se aprovecha la publicidad que diariamente nos bombardea a través de la radio, el cine, la televisión, los periódicos. Yendo un poco más allá, se puede llegar a la manipulación, y a la determinación de nuestras decisiones, tanto en el campo comercial, como en el campo económico, político, cultural y ético. Cuando, por ejemplo, vemos una película, nuestra parte consciente consigue percibir una imagen si ésta tiene una duración de 24 fotogramas por segundo.

Nuestro inconsciente, en cambio, percibe todos y cada uno de los fotogramas. De ello se deduce que la parte consciente filtra y envía al inconsciente la imagen examinada, siempre y cuando ésta haya tenido la duración, como hemos dicho, de 24 fotogramas por segundo, mientras que no puede examinar a las que han tenido una duración inferior.

Por lo tanto, si se introduce aunque sea un fotograma (por ejemplo, «Coca-Cola») en los 24, la conciencia no lo percibirá —y en consecuencia no lo analizará—, pero será asimilado instantáneamente por nuestro inconsciente, de forma que llega a condicionar y determinar nuestras elecciones conscientes.

La publicidad, además, hace hincapié en la fractura que se crea en el individuo entre su parte consciente y su parte inconsciente. Por ejemplo: si oímos o vemos la publicidad de un coche, ésta, obviamente, nos describe todas las excelencias del mismo, nos sugiere incluso la sensación de potencia, de riqueza, etc... Nosotros no creemos en todo eso, sin embargo, nos gustaría que fuera cierto. La fisura que se crea entre las dos tendencias hace que cuando queramos tomar una decisión respecto a la adquisición y elección de un coche, un movimiento interior nos condicione en el sentido que proyectó el autor de la propaganda.

Cómo defendernos de la técnica subliminal*

— El hecho de saber cómo actúa la técnica subliminal es ya de por sí una protección eficaz;

---

* Las técnicas subliminales, hoy por hoy, están prohibidas por una ley internacional muy concreta, y determinados organismos, constituidos para este fin, se encargan de que sea respetada. ¡Cuidado, pues, de que lo que ha «salido por la puerta no vuelva a entrar por la ventana»!...

— la hipnosis, al mejorar los contactos entre conciencia e inconsciente primero, nos ofrece otra sensible ayuda;
— la contrautilización de las técnicas mismas es un antídoto contra la violencia subliminal.

Conclusión: conocer es poder. El conocimiento nos hace más libres.

Lo que es «real» y lo que es «casi-real»

La realidad es referida al sujeto, al individuo que la observa. Hay diferentes puntos de vista, porque hay diferentes personas: se trata de «la realidad subjetiva», la única realidad cierta para cada observador.

Si la realidad fuera objetiva, seríamos todos iguales, pensaríamos del mismo modo, tendríamos los mismos gustos.

La realidad, por lo tanto, es siempre subjetiva: y, puesto que no existe una realidad objetiva, tampoco existe la ficción de la realidad.

Por ejemplo: en una habitación cerrada y aislada del exterior, la mitad de los presentes, que han sido hipnotizados, ven un reloj sobre la mesa; la otra mitad de los presentes, que no han sido hipnotizados, no lo ven.

¿Cuál de las dos partes tiene razón? Las dos, ya que cada una capta una realidad subjetiva.

El concepto de realidad subjetiva es un concepto fundamental, que tenemos que asimilar por completo antes de acercarnos a la hipnosis: es un concepto un tanto incómodo, puede que demasiado incómodo, pero al final será una valiosa escuela de vida.

A partir de allí, si vivimos en esta realidad subjetiva, nos acostumbraremos entonces con coherencia a *aceptar la libertad de los demás,* a comprender su diferente modo de pensar, de ser y de actuar. El poder de Maya (= ilusión) no indica el valor del pensamiento, cuya potencia actúa sobre la materia. La fuerza que desencadena un pensamiento imaginado se materializa en una acción; eso pone en marcha la materia a fin de que la acción llegue a materializarse.

El Universo está en constante movimiento, y los átomos que lo componen caen continua e incesantemente a través del mismo.

Los átomos, que viajan a una velocidad infinita, ocupan en cada instante todo el Universo, y llegan a ocupar, en su caída, todas las formas existentes.

En la Magia cada objeto está presente en todo el Universo, las formas no pueden existir sino por el poder del pensamiento, el poder Maya, el poder Divino.

La materia no existe objetivamente, y según los conceptos religiosos de muchos pueblos antiguos, un objeto existía sólo como creación en la mente de Dios.

Nosotros podemos poner en práctica estos conceptos, para lo cual lo único que nos hace falta es querer hacerlo, imaginando que de ese modo completamos la acción pensada con actos concretos.

Las técnicas adecuadas para cada acción hacen que lo que uno piensa pueda realizarse.

Todo consiste en creer en ello, convenciéndonos a nosotros mismos, y el juego está hecho.

Para destacar mejor esta distinta manera de vivir la realidad, es bueno evocar este concepto también con una definición diferente: lo que es *casi-real*.

Vamos a practicar enseguida este concepto: vamos a observar, por ejemplo, las cosas que nos rodean como si se tratara de descubrirlas por primera vez.

Vamos a pensar en una persona que normalmente nos resulta poco simpática, y vamos a acercarnos a ella, en la primera ocasión que tengamos, como si fuera nuestro primer encuentro: seguramente conseguiremos descubrir a una persona nueva.

Si seguimos por este camino, hallaremos la comprensión correcta: seremos más ligeros, más libres, porque las alas de lo «casi-real»* nos llevarán muy lejos.

---

* También las matemáticas son «casi-reales», en mi opinión. En la naturaleza, el absoluto matemático no existe. Por ejemplo: en la naturaleza uno más uno no hacen necesariamente dos. En efecto, una pareja, macho y hembra, pueden tener 2 hijos, o 3, o 4, o 1, o incluso 0.

La sugestión y su acción sobre la conciencia y el inconsciente

Cuando una impresión fuerte, o la repetición de una determinada percepción, han alcanzado el inconsciente, la actividad de la conciencia tiende a anularse prácticamente de manera total.

Asimismo, cuando la atención, el juicio y el razonamiento dejan de vigilar, las facultades del inconsciente, sobre todo la fantasía y las impresiones, se intensifican.

Los métodos de sugestión se esfuerzan por distraer la atención objetiva y a la vez impresionar al inconsciente.

Obligar a una persona a imaginarse en un determinado estado significa sugestionarla. Y la sugestión, que quede claro, es una violencia.

Cuando estamos despiertos, una afirmación categórica, dicha en un tono positivo y penetrante, y repetida todo lo que haga falta, produce el mismo efecto en nosotros.

La conciencia psicológica del individuo se debilita, se entorpece y pronto suspende su función: ya hemos llegado a la hipnosis total.

Una vez conseguida la hipnosis, ya no se necesita distraer la conciencia, porque ésta se halla disociada del inconsciente: éste acepta pasivamente cualquier idea, cualquier imagen que se le sugiera, y el sujeto sigue automáticamente los impulsos que se le dan.

La persona hipnotizada se encuentra en una situación análoga al sueño natural, con la diferencia de que este estado está provocado por otra persona, y que la actividad del inconsciente puede ser regularmente dirigida por el operador mientras el automatismo siga siendo activo.

Significado de la hipnosis

La hipnosis es una técnica que permite alcanzar el incosciente primero de una persona, como ya hemos visto.

Qué utilidad tiene llegar al inconsciente? Lo vamos a decir enseguida:

- Llevar a la superficie las experiencias que éste ha acumulado.
- Hallar la clave que permite superar ciertos traumas.
- Aliviar los sufrimientos físicos.
- Desarrollar capacidades físicas y psíquicas.
- Curar y acelerar la curación de cortes, heridas, fracturas.
- Curar las enfermedades psicosomáticas.
- Aliviar el dolor.
- Abrir y ensanchar nuestras percepciones, etc...

Continuando en nuestro estudio, veremos la cantidad de posibilidades que nos otorga la hipnosis para alcanzar el objetivo del ser humano: el conocimiento.

Entrenamientos

Antes de terminar esta pimera lección, consideramos necesario proponer un intenso entrenamiento mental sobre el concepto de lo «casi-real», extendido a todo cuanto nos rodea, y a los hechos que se nos presentan.

Se trata de que tomemos conciencia realmente de nuestro «Yo», porque si nos falta esto, hay que tener el valor de no proseguir.

2.ª LECCIÓN

Prepararse a tener las condiciones fundamentales para ser hipnotista

El operador que se dispone a practicar la hipnosis, tiene que comprobar cuidadosamente que se den las condiciones necesarias para que las cosas salgan bien.

Por lo tanto, vamos a analizar, en particular:

— La concentración.
— El ambiente.
— El lenguaje.

La concentración

En la hipnosis, el operador trabaja directamente con la parte más delicada del sujeto: la psique.

Por lo tanto, además de tener un comportamiento absolutamente correcto, es indispensable llevar a cabo toda una serie de preparativos, para tener unas condiciones que garanticen el éxito de la sesión: *¡jamás debemos improvisar!*

Estar concentrados tiene una importancia capital, y la concentración se tendrá que mantener durante toda la duración del experimento.

Por lo tanto, antes de empezar, tenemos que *recogernos* en un sitio apartado durante cinco minutos. Este reencuentro con nosotros mismos ha de ayudarnos a llegar al «estado de gracia» que reforzará en nosotros el convencimiento de que la sesión saldrá bien.

En este sitio llevaremos a cabo en el tiempo indicado la *respiración* rítmica, lenta, profunda: aspirar el aire por la nariz durante cinco segundos; retenerlo durante otros cinco segundos; expulsar el aire por la boca en otros cinco segundos.

Conviene empezar la sesión sólo cuando nos sintamos concentrados y firmemente convencidos de que todo saldrá bien.

El ambiente

El ambiente tendrá que tener unas características especiales, a saber:

— *recogimiento*, serenidad, una atmósfera distendida en la que exigiremos silencio. Nos pueden servir algunos aparatos que emiten «ruido blanco» (por ejemplo, un televisor sintonizado en un canal que en este momento no está emitiendo).
— *Luz suave* y colocada de forma que destaquen los ojos del operador; colores delicados, relajantes (el azul es el más indicado).
— A ser posible, un *sillón* con posabrazos y respaldo alto, o cuando menos una silla cómoda, también con posabrazos, para facilitar la relajación del sujeto. Si las sesiones son prolongadas, conviene utilizar una camilla o un sofá.
— Tenemos que *imponer a los presentes nuestras condiciones:* no fumar, estar en recogimiento, no distraerse, no hablar.

El lenguaje

Es uno de los medios más poderosos con los que se desarrolla la hipnosis: hay que tener en cuenta que no hablamos sólo con la voz, sino también y sobre todo con la palabra, el ritmo, el tono, el gesto.

Ya desde el primer contacto con el sujeto y con los presentes, nuestra voz tiene que confirmar nuestra seguridad.

— *Las palabras* tienen que servirnos para dar color a cada una de nuestras expresiones, que han de ser ricas en imágenes vivas, cálidas, coloreadas.

Páscoli, en su poema «La cometa», emplea toda una serie de adjetivos que le dan vida.

Si tomamos, por ejemplo, la frase «piensa en un prado» y «piensa en un prado *verde*», el adjetivo «verde» *enriquece* el discurso y le da color a la imagen.

Por lo tanto, tenemos que añadir adjetivos —sobre todo colores— a nuestras frases, y enriquecerlas con *muchos ejemplos*.

— *La utilización del ritmo* es indispensable, y hay que ajustarlo al de la respiración de la otra persona, para poder entrar en sintonía con el sujeto.

Hay que mantener el mismo ritmo con la cadencia del discurso y dejar *fija* esa cadencia.

En general, nuestro discurso tiene que ser sosegado, relajado, acompasado, suave, para que pueda insinuarse mejor en el inconsciente del sujeto.

— *El gesto*. En el ejemplo de la frase «piensa en un prado verde», podemos acompañar dicha expresión con un gesto del brazo en movimiento horizontal, que sugiere inmediatamente la idea de la llanura.

Dicho gesto hará que la sugestión sea más fuerte, saturando poco a poco a la persona.

Si luego al gesto del brazo, a la frase «piensa en un prado verde», añadimos el adjetivo «perfumado», por lo que la frase completa será «piensa en un prado verde perfumado», obtendremos un efecto aún más completo. ¡Utilicemos, pues, mucha fantasía!

A estas técnicas sería muy conveniente añadir como fondo una *música adecuada*, procurando, sin embargo, que no sea la música de ningún «anuncio publicitario» que suscite estímulos o recuerdos parcial o totalmente contrarios al fin que se pretende conseguir con la hipnosis. ¡Un ejemplo válido puede ser el de las «Cuatro estaciones» de Vivaldi, que no podremos utilizar con un sujeto que tiene intención de adelgazar, ya que su subconsciente le traería inmediatamente el recuerdo de la publicidad de cualquier producto de alimentación.

Antes de *utilizar las frases*, tenemos que prepararlas. Vamos a preparar con esta finalidad algunas frases típicas, adecuadas a las circunstancias, sacadas de las que vamos a encontrar en estas lecciones, elaborándolas y construyéndolas de un modo absolutamente personal.

Estas frases debemos aprenderlas de memoria, a fin de que, cuando las usemos para las sugestiones, podamos decirlas de forma automática, y nuestra mente pueda concentrarse libremente en la secuencia hipnótica.

Algunas sugerencias

— Las hipnosis hay que hacerlas sólo cuando son requeridas; *nunca* contra la voluntad más o menos manifiesta del sujeto.
— Tenemos que crear a nuestro alrededor una atmósfera de confianza...
— Hacer que sean las personas quienes soliciten hacer alguna sesión, después de procurar que el discurso caiga, casi por casualidad, sobre la hipnosis.
— Hemos de valorarnos; es conveniente que tengan que rogarnos un poco.
— Hay que evitar en lo posible (al menos al principio), hipnotizar a personas que encontramos por primera vez, ya que no los conocemos lo suficiente.
— Preparar algún discurso sobre hipnosis, para poder contestar con facilidad a posibles preguntas de los presentes, a las que contestaremos hábilmente, de forma que nuestras contestaciones susciten otras preguntas y, por lo tanto, el interés por la hipnosis.

Posibles preguntas de los asistentes sobre la hipnosis

- ¿Con la hipnosis se puede hacer cualquier cosa?
- R.: Depende de lo que el sujeto se proponga.
- ¿Si el hipnotizador se muere o se pone malo durante la hipnosis, ¿qué le ocurre al hipnotizado?
- R.: No le ocurre nada, al cabo de una hora, como máximo, el hipnotizado se despierta de manera espontánea y suave.
- ¿La hipnosis puede curar?
- R.: Por supuesto. Desde las piedras hasta las enfermedades más dispares. Sirve además para mejorar la memoria, la fuerza física, etc.
- ¿Qué es la hipnosis?
- (La contestación tiene que ajustarse al nivel del interlocutor.)
- R.: La hipnosis es un estado alterado de la conciencia, es decir, es una *técnica para acceder al inconsciente* de una persona. Dicho inconsciente está en condiciones de percibir y retener muchos más detalles que nuestra conciencia, y, por lo tanto, −bajo este asecto−, es muy rica en informaciones.
- ¿Cuáles son las finalidades de la hipnosis?
- R.: La hipnosis puede ser ejercida sólo para alcanzar objetivos que obedezcan a una exigencia moral.
  - con *fines terapéuticos*, o
  - para el *desarrollo del conocimiento* del sujeto.
- ¿El hipnotizador puede aprovecharse del sujeto?
- R.: Que quede claro que *el hipnotizador ayuda al sujeto a entrar en una autohipnosis:* si una persona no quiere ser hipnotizada, no se puede vencer su resistencia y, por lo tanto, inducirla a un estado hipnótico, ni se puede introducir en ella sugestiones contrarias al modo de ser del sujeto, a su ética. Además, la hipnosis no es nada peligrosa.

Conviene saber que quienes acuden a la hipnosis por primera vez pueden estar llenos de ansiedad. Sea como sea, aunque no tengan ansiedad, estarán en una situación de excesiva vigilancia.

En cualquier caso, es de suponer que no estará en condiciones de orientarse sobre lo que sentirá, ni de valorar los fenómenos.

Por lo general, el sujeto cree que va a caer en un sueño profundo, que va a perder el conocimiento, y que se va a despertar en un estado de amnesia total respecto a lo que ha ocurrido durante el sueño.

Pero esto ocurre sólo en casos excepcionales. Hay que advertirlo, para que el sujeto sepa las sensaciones y los fenómenos con los que se va a encontrar.

Hay sujetos particularmente nerviosos que, tras despertarse de la hipnosis, se dan cuenta de que ya no recuerdan nada, y pueden descargar su nerviosismo en el hipnotizador.

El fenómeno de no recordar se llama *aparaxia:* los habitantes del sur de Italia padecen mucho este fenómeno.

Hay que tener en cuenta que si el sujeto, tras haber sido despertado, trata de recordar, revela un comportamiento ansioso tanto más acentuado cuanto más se esfuerza en recordar.

Puede ocurrir incluso que la persona trate de describir la experiencia añadiendo detalles totalmente inventados.

A veces, como hemos dicho, se produce la aparaxia: es decir, existe un recuerdo parcial, o incluso una total ausencia de memoria. Cuando el sujeto no intenta recordar, significa que ha depositado plenamente su confianza en el operador.

Conviene recordar, además, que todas las preguntas que nos hacen sobre hipnosis están dictadas sobre todo por el miedo. Hay también algunos que no hacen nada más que hacer preguntas, para evitar continuar, ya que les invade el miedo, aunque sea de forma inconsciente.

Este miedo se puede prevenir explicando −aun antes de que nos lo pidan− que el hipnotizador no actúa por una intención más o menos morbosa de conocer los problemas íntimos de una persona.

Es importante que el sujeto entienda claramente −sin posibilidad de equivocarse− que el operador no va, por lo tanto, a hurgar en el inconsciente de una persona.

Conviene tranquilizar al sujeto diciéndole que al principio se trata de simples ejercicios de relajación; más tarde, si se acometen ejercicios más complejos de hipnosis, el hipnotizador procurará preguntar si hay períodos de su vida, o circunstancias que el sujeto no quiere que se rocen siquiera.

Qué tiene que decirle el hipnotizador al sujeto

Es indispensable que el operador, hablando a sus posibles sujetos, ponga en evidencia de un modo especial los siguientes puntos:
— La hipnosis será posible sólo si el sujeto está de acuerdo.
— El hipnotizador no es más que una persona que ayuda al sujeto a hipnotizarse.
— El operador jamás obligará al sujeto a hacer cosas que estén en contra de la forma de ser de la persona, o cosas que puedan ponerla en ridículo.
— El hipnotizador guardará escrupulosamente el secreto profesional.
— La hipnosis será útil al sujeto tanto en el aspecto psíquico como en el físico.

Obligaciones que debe respetar el operador

En el período inicial, para evitar desequilibrios de fuerzas energéticas (ya que en ese momento nuestra aura está alterada), hay que evitar escrupulosamente hipnotizar a las siguientes personas:
— La pareja de uno.
— Los hijos de uno.
— Los niños menores de 7 años.
— Las personas que padecen enfermedades mentales.
— Las personas que tienen perversiones sexuales.
— Las personas muy neurasténicas.
— Las personas histéricas.
— Las personas que quieren desafiarnos (recordarle que las personas inteligentes son hipnotizables, mientras que los subnormales no).

— No hay que actuar nunca sin aclarar los términos del problema y sin deshacer posibles prejuicios.

Nos preguntarán por qué no debemos operar con personas que quieren desafiarnos. He aquí la razón:

1) Porque la hipnosis no tiene que ser *jamás* motivo de exhibición.
2) Porque quienes tienen esta actitud no merecen nuestra atención.

Puesto que, por otro lado, rechazar los desafíos podría de todos modos provocar una atmósfera de desconfianza hacia nosotros por parte de los presentes (el desafiante recurre siempre al ardid de la insinuación), tendremos que superar el obstáculo con elegancia y firmeza.

Motivaremos nuestra decisión diciendo que no estamos ni en una plaza ni en un escenario: a continuación, haremos hábilmente deslizar el discurso sobre temas que impresionan, por ejemplo, sobre la necesidad de que las personas que se ofrecen como sujetos para la hipnosis sean inteligentes, y con eso catalogaremos al incauto entre las personas intelectualmente menos dotadas, para dejarlo en su sitio.

El hipnotizador procurará detectar la presencia de posibles *prejuicios* y nunca operará antes de haberlos solucionado. ¿Por qué?

Porque su acción correría el riesgo de ser posteriormente interrumpida por reacciones provocadas por el estado de ansiedad del sujeto, y por su dolorosa sensación de ser manipulado: reacción que se achacará a la propia hipnosis, y no a una idea preconcebida.

Si en cambio un individuo afirma que *no tiene* temores respecto a la acción hipnótica, pero que *no cree* en la misma, esta actitud es menos negativa.

Se evitará pedir un acto de fe incondicional.

Bastará con invitar al sujeto a concedernos cuando menos un poco de docilidad inicial: comprobaremos en la práctica que el resultado será positivo.

Cómo localizar a los sujetos idóneos para ser hipnotizados

Vamos a suponer ahora que tenemos ante nosotros un grupo de amigos o de personas desconocidas; será importante analizar desde el principio, hasta en los más mínimos detalles, los comportamientos de nuestros futuros sujetos.

La experiencia ha demostrado que *los buenos sujetos son los siguientes:*

- Los que fuman mucho (conviene recordar, al respecto, que nadie debe fumar antes, durante y después de la hipnosis: el fumador empedernido se descubrirá precisamente en el momento en que prohibiremos fumar).
- Los que fuman con rapidez (fumar es de por sí indicio de inseguridad).
- Los que, al terminar de fumar, aplastan el pitillo con cuidado.
- Los que se sientan con las piernas juntas: se trata de una típica postura defensiva.
- Los que no saben dónde poner las manos, y los que hacen todo lo posible por esconderlas jugueteando con algún objeto.
- Los que no esperan ser elegidos por nosotros. (Por ejemplo: mientras estamos hablando con otra persona, podemos dirigirnos a la persona que queremos hipnotizar, pidiéndole que haga determinadas acciones. Esta persona se verá cogida por sorpresa, y hará lo que se le diga sin rechistar).
- Los que, estando de pie, buscan protección apoyándose en alguna parte: es la actitud defensiva de los que tratan de ponerse al cubierto de algún ataque.
- Los que se cruzan de brazos, sobre todo si esconden las manos, o si tienen las manos contraídas en puños.
- Quienes se rascan por todas partes.
- Los que simulan indiferencia y superioridad (con este comportamiento tienden en realidad a excluirse).
- Los que se llevan con frecuencia el vaso a los labios, bebiendo muy poco.

- Los que beben con los ojos cerrados o levantando exageradamente la cabeza.
- Los que miran varias veces el reloj en un tiempo limitado.
- Los que participan con demasiada atención: es la actitud de quienes tratan de ponerse en evidencia, en realidad para no ser elegidos.
- Los que van al servicio con frecuencia.
- Los que se muerden las uñas.

La lista de ejemplos podría ser mucho más larga, pero preferimos dejar que el operador recoja por sí mismo las demás manifestaciones que denoten una cierta *inseguridad o inquietud* en los posibles sujetos.

Mientras nuestros ojos siguen recogiendo informaciones valiosas, empezamos a entablar conversación con las personas que la «vista» nos ha señalado, para conocerlas a fondo.

Con eso vamos a entrar inevitablemente en el mundo de la timidez, al que todos pertenecemos un poco, y al que sobre todo tenemos que reconducir aquellos individuos que traten de interrumpirnos con constantes preguntas, a veces agresivas.

Es *tímida* la persona que habla demasiado, porque esa actitud le sirve para protegerse, para prevenir posibles ataques a su inseguridad; también la que parece demasiado segura de sí misma, ha sido tímida y puede que lo sea todavía.

Nosotros recogeremos todos los matices, recordando en todo momento que tenemos una ventaja enorme: la de saber captar la timidez de los demás.

Aunque hasta ayer, o hasta este momento, nuestra timidez haya sido bastante acentuada, el solo hecho de conocer nuestra inseguridad (y de saber que los demás también son inseguros), nos garantiza una ventaja que los otros ya no podrán alcanzar.

Vamos a analizar ahora el caso del clásico individuo que *hace muchas preguntas*, o que de alguna manera se comporta de forma que podría debilitar nuestro prestigio.

En primer lugar, antes de contestarle, tenemos que acabar el discurso que estamos desarrollando, a fin de imponer nuestro ritmo: la persona que nos interrumpe pretende bloquearnos, aunque sea a nivel inconsciente, por lo tanto, tenemos que rechazar de plano este tipo de ataques.

Por lo tanto, seguiremos hablando tranquilamente, acallando al individuo que nos ha interrumpido, incluso con un simple y decidido gesto de la mano; al invitarle luego a repetir su pregunta, en cuanto observemos la menor vacilación, no vamos a desaprovechar la oportunidad de destacarla.

A partir de ese instante, esa persona perderá toda consideración por parte de los presentes.

Una vez terminado nuestro discurso, miraremos fijamente a esa persona y le haremos repetir su pregunta.

Si, por el contrario, el individuo formula su pregunta con excesiva seguridad, tendremos que interrumpir la acción mirando a nuestro interlocutor a los ojos, y haciendo lo posible para aislarle inmediatamente del resto del grupo.

Esta necesidad de limitar el choque a un mano a mano se hace aún más necesario si nos damos cuenta de que nuestro interlocutor obtiene consensos (notaremos con una simple ojeada ciertos significativos movimientos de cabeza por parte de los presentes).

En este caso procuraremos contestarle ayudándonos con una serie de ejemplos, centrándonos exclusivamente en nuestro interlocutor: le miraremos fijamente, evitando las miradas de las demás personas, le llamaremos por su nombre, en tono confidencial, y procuraremos quitarle toda pretensión de asumir el papel de portavoz oficial.

Prueba de relajación

Llegados a este punto, muchos de nosotros estarán ansiosos de encontrarse cara a cara con el primer sujeto.

Pero si estamos ansiosos, quiere decir que nos encontramos en dificultad...

Sugerimos, por lo tanto, una comprobación inmediata, proponiendo una prueba sencilla pero bastante significativa.

Por ahora, vamos a seguir trabajando en nosotros mismos, a solas en nuestra habitación.

Basta con que levantemos un brazo a la altura del hombro, doblando el codo a 90°.

A continuación, haremos que el índice de la otra mano sostenga todo el peso del brazo, a media distancia entre la muñeca y el codo.

Unos segundos después, quitaremos el dedo, y el comportamiento de nuestro brazo nos dirá cómo estamos.

Si nuestro brazo se ha quedado en el aire, somos nosotros quienes necesitamos un buen hipnotizador...

Si la bajada ha sido lenta, estamos bastante bloqueados y tenemos que deshacer nuestra ansiedad.

Si el brazo desaparece, todo va bien; pero no vayamos a creérnoslo demasiado: y, además, será mejor que... vayamos a buscarlo.

Se repetirá el experimento con el otro brazo, y se harán al menos tres pruebas.

Hipnosis aparte, es aconsejable realizar esta prueba todos los días: ¡aprender a relajarse nos ayudará a vivir mejor y añadirá a nuestra vida 6 o 7 años!

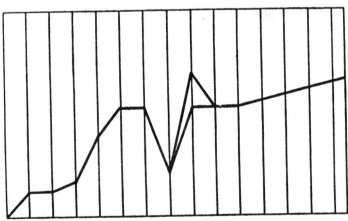

GRÁFICO DE LA DISPONIBILIDAD PARA LA RELAJACIÓN

3ª LECCIÓN

Experimentos prehipnóticos

Esperemos que todos los operadores se acerquen a la hipnosis de forma responsable, y sean a la vez delicados de espíritu y firmes en su acción.

Pero, aun antes de empezar, se impone inmediatamente la comprobación de las elecciones hechas, mediante un contacto «creciente» con los sujetos.

Salvo en los casos de mucha urgencia, ahondaremos en una serie de pruebas de cuyas características vamos a hablar despacio, y que se tendrán que llevar a cabo en el siguiente orden:

— La «caída hacia atrás».
— Las «caídas hacia adelante».
— La «unión de las manos».

Estas pruebas alcanzan tan sólo una parte del inconsciente primero del sujeto.

Luego habrá que observar atentamente todas las reacciones del sujeto, para definir con la mayor exactitud su grado de predisposición, y decidir en consecuencia cuáles son los experimentos que hay que llevar a cabo: trataremos, en una palabra, de comprender el lenguaje de su cuerpo.

La caída hacia atrás

La caída hacia atrás es un ejercicio físico muy sencillo, pero *su importancia es enorme, ya que es el operador quien lo impone*, lo mismo que impondrá todos y cada uno de los detalles de su acción.

Con esta prueba se pueden elaborar entre los 140 y los 180 datos aproximadamente, y el resultado nos dirá si se trata de un buen sujeto, y hasta dónde se puede llegar en la hipnosis.

Finalmente, si nuestra miopía nos ha puesto delante de un *sujeto mucho más alto* que nosotros, recuperaremos la desventaja improvisando un chiste más o menos como éste:

— «...no te preocupes... ya he hecho la prueba con muchos otros más altos que tú...».

El chiste, en efecto, será captado inmediatamente por el inconsciente del sujeto, y servirá para desbloquear la situación.

Hemos dicho «más o menos», porque el lenguaje, repetimos, tendrá que ser personalizado por el operador. Incluso, si se da el caso, y si le conocemos bien, podemos utilizar hábilmente *nuestro dialecto*, que, al tener orígenes y raíces mucho más antiguas que el idioma oficial, es más rico en matices e inmensamente más sugestivo.

Al operador que tiene poca vista, se le aconseja además que *actúe sin gafas*. Precisamente para eliminar hasta físicamente ese sentimiento de inferioridad que las gafas pueden significar. Otra advertencia: si el sujeto es *mujer*, hay que invitarla *a quitarse los zapatos:* los tacones altos, en efecto, dificultan el éxito de la prueba, ya que el centro de gravedad de la persona queda desplazado hacia adelante.

Modalidades para la «caída hacia atrás»

Cuando creamos que el sujeto está lo suficientemente relajado, podremos empezar.

En primer lugar vamos a *apoyar nuestras manos en los hombros* del sujeto, para tomar simbólicamente posesión de él.

Le *daremos la vuelta* literalmente, a continuación le ordenaremos que junte sus pies, acompañando la orden con una leve pero significativa patadita en los tacones.

(La postura «pies juntos y paralelos» es muy importante, porque, al reducir la base de apoyo, el equilibrio del suejto variará).

Llegados a este punto, comprobaremos el *grado de relajación* * del sujeto, levantándole *los brazos* por los lados, con un ángulo de 30° aproximadamente, y dejándolos caer después sobre las caderas.

Si la caída es rápida y no hay movimientos de retorno, quiere decir que el sujeto está lo suficientemente relajado, y, por lo tanto, se puede continuar.

Si se producen varios «retornos», o, peor todavía, si los brazos se han quedado... suspendidos, es preciso aliviar la tensión, por ejemplo, palpando los brazos del sujeto para soltar los músculos, e invitándole luego a *respirar* por lo menos 4 o 5 veces, de manera lenta y profunda.

Obtendremos un control bastante significativo sobre el estado de relajación del sujeto apoyando nuestras manos en los hombros del sujeto y provocando una *oscilación* de los mismos: si el sujeto está distendido, tendrá que oscilar ligeramente.

Otra prueba para la relajación puede ser aquella en la que el operador apoyará su propia *rodilla* en el hueco de la del sujeto. Éste se flexionará hacia atrás.

Hay que tener presente, además, que *son síntomas de tensión*:

— Sudar excesivamente.
— Tener las venas de las manos abultadas.
— Ruborizarse, en el rostro y en las manos.
— Parpadear continuamente.
— Respirar ansiosamente.
— La rigidez de las manos.
— Deglutir con una cierta frecuencia.
— Reír de manera forzada.

---

* ¡Hay que recordar al paciente que, si sabe pacticar bien la relajación a diario, podrá prevenir y evitar las artrosis!

Y las demás señales que el operador podrá recibir, conforme vaya aprendiendo, como ya he dicho, a entender el lenguaje del cuerpo.

Obviamente habrá que remediar dichas situaciones, renunciando al experimento, en vez de iniciarlo en un momento poco afortunado.

Una vez alcanzada la situación óptima, diremos a la persona que *cierre los ojos*, volviendo las pupilas hacia arriba y levantando ligeramente la cabeza*.

Una *variante magnética* muy eficaz es la que se obtiene poniendo la mano izquierda delante de la frente del sujeto, y la mano derecha detrás de la nuca, manteniéndolas así unos veinte segundos. Las manos pueden estar despegadas de la frente y de la nuca de la persona, o en contacto con las mismas.

Mientras seguimos haciendo respirar al sujeto de manera lenta y profunda, vamos a pasar a la *orden sugestiva,* susurrándole frases como éstas: «Piensa intensamente... yo me caigo hacia atrás, yo me caigo hacia atrás...»

Al mismo tiempo, daremos un paso atrás, abriendo nuestras piernas para buscar el apoyo necesario, y haremos deslizar *la mano* izquierda desde la frente hacia la sien, el lado del cuello, hasta *el omóplato* izquierdo del sujeto, a la vez que desplazaremos la mano derecha, que está detrás de la nuca, hacia el omóplato derecho, manteniendo ambas manos a pocos centímetros de la persona**. De ese modo, estamos ya preparados para retener la caída del sujeto, quien podría efectivamente caer ya durante esta primera fase.

Después continuaremos así:

---

* El operador se encargará de poner la cabeza del sujeto en la postura adecuada: de ese modo, podrá comprobar la rigidez de los músculos del cuello.

** Esta manera de deslizar la mano desde la frente hacia la parte lateral de la cabeza, para después llegar a la postura definitiva detrás de los hombros del sujeto, es utilísima, ya que «arrastra magnéticamente» hacia atrás.

— «Dentro de poco voy a contar hasta 7 (por ejemplo): cuando diga 7, tú te caerás tranquilamente *hacia atrás, es decir, hacia mí.*»

Hay que precisar que la primera vez esta fórmula funciona muy bien, ya que de ese modo se comprueba la reacción del sujeto, reacción que nos dará unas indicaciones utilísimas.

Cuando volvamos a repetir esta prueba sobre el mismo sujeto, utilizaremos la variante que hemos introducido en la fase siguiente:

— «Ahora voy a contar hasta 7, y cuando diga 7, *y no antes*, te sentirás atraído hacia mí y caerás hacia atrás.»

Al dirigirse al sujeto, si éste es del sexo opuesto, conviene formular la frase en los siguientes términos: «... te sentirás atraído hacia atrás, y caerás hacia mí.»

Decimos «hacia mí», y no «por mí», porque podríamos provocar importantes trastornos psicológicos.

En este momento *vamos a empezar la cuenta*. Entre un número y otro podemos intercalar la siguiente sugestión: «... tú caerás hacia atrás...»

Entre el penúltimo y el último número haremos una pausa más larga. Esta mayor distancia, esta vacilación, provocará una acumulación psicológica.

Si en el último número el sujeto no se cae, añadiremos, en un tono ligeramente distinto, pero autoritario: «...¡cáete!»

Esto sirve para entrar en el inconsciente de la persona antes de que ésta se dé cuenta.

Algunas palabras sobre la «cuenta»

La cuenta, en general, es necesaria cuando se tiene que dar una orden, para que al inconsciente le dé tiempo de percibir, asumir y devolver el eco de respuesta y ejecución de la orden.

Se suele contar hasta un número impar, porque eso deja en suspenso, y el sujeto espera la orden prevista como una conclusión necesaria.

El número impar, en efecto, rompe un equilibrio y produce inestabilidad.

Por lo tanto, convendrá elegir como número final un número impar, o bien que termine en cero.

El número 7 es óptimo, porque, además de ser impar, es verdaderamente sugestivo, y encima es un número mágico.

Por curiosidad, es útil saber que los números 1 y 2 son una secuencia cerrada, que unida a un número impar bloquea: el cero final representa el cierre del discurso.

La cuenta atrás no la utilizamos porque con ella la tensión ¡«se carga», no «se descarga»!

Variante magnética

La caída hacia atrás se puede provocar también sin recurrir a una orden verbal, sino simplemente atrayendo el sujeto hacia nosotros con el magnetismo de nuestras manos. No obstante, habremos comprobado previamente las reacciones del sujeto, intentando, por ejemplo, llevar nuestra mano izquierda a pocos centímetros del brazo izquierdo del sujeto, y nuestra mano derecha a pocos centímetros del brazo derecho del sujeto: con nuestra mano *izquierda cerrada* en forma de puño ejerceremos una *presión* sobre el astral del brazo izquierdo, (es decir, el empuje será realizado sobre el cuerpo sutil, manteniéndonos a unos tres centímetros del cuerpo físico), mientras que nuestra mano *derecha abierta atraerá* hacia sí, haciendo de imán, el brazo derecho del hipnotizado.

Variante telepática

La caída hacia atrás se puede conseguir también sin necesidad de recurrir ni a la orden ni a la atracción magnética, sino simplemente, después de colocarnos detrás del sujeto, pensando intensamente: «Tú te caes hacia atrás, tú te caes hacia atrás...»

Al mismo tiempo, miraremos fijamente un punto en el interior de la nuca de la persona, o bien un punto justo por debajo de los omóplatos, encima de la columna vertebral.

Este punto de la espalda, en las mujeres es algo más bajo.

Tanto la variante telepática como la magnética podrán utilizarse o bien solas o bien junto con la orden verbal.

Resumen de las modalidades de la caída hacia atrás

Presión psicológica:

1) Relajación del brazo.
2) Pies juntos y paralelos.
3) Comprobar la relajación de los brazos.
4) Comprobar si oscila.
5) Desplazar la cabeza hacia arriba y comprobar la rigidez del cuello.
6) Mirar arriba, cerrar los ojos, respirar hondo.
7) Ahora piensa: «Me estoy cayendo hacia atrás.»

Presión magnética:

8) Mano izquierda delante de la frente, mano derecha detrás de la nuca; llevar las manos a la altura de los omóplatos y mirar fijamente la espalda o la nuca; concentrarse en el pensamiento de aspirar.

Presión telepática:

9) Pensar: «Tú te caes hacia atrás, tú te caes hacia atrás...»

Presión verbal:

10) Decir: «Ahora voy a contar hasta 7, y cuando diga 7 te sentirás atraído hacia mí y te caerás.»
11) Llevar la cuenta con una separación entre el penúltimo y el último número.

Qué finalidad tiene la prueba de la caída

Si el operador ha seguido todas las advertencias, el experimento funcionará sin duda, y le permitirá alcanzar enseguida unos resultados muy importantes: resultados generales y resultados particuares.

En primer lugar, la prueba habrá servido para transmitir la *relajación de una persona a otra, es decir, del operador al sujeto.*

En segundo lugar, el factor más importante está representado por la *entrega* que el sujeto hace de sí mismo al operador: el control inconsciente de la caída es en efecto delegado en el hipnotizador, que de ese modo recibe un importante voto de confianza.

Finalmente, entrando en detalles, podemos deducir que nos hallamos ante *buenos sujetos si hemos observado:*

— Parpadeos en los momentos que preceden o que siguen inmediatamente la apertura de los ojos.
— Sensación de atontamiento (el sujeto tiende a dormirse).
— Alusiones del sujeto a dolores de cabeza.

En definitiva, el punto clave de esta prueba es el grado de relajación que se consigue, el tiempo empleado en alcanzarlo y la velocidad de caída.

Obsérvese que si el sujeto al caer pone el pie atrás, significa que no tiene una confianza absoluta en el operador, y que si dice siempre: «Sí, sí», revela un miedo inconsciente.

Porcentajes y significados de ocho maneras distintas de caer

Puede haber 40 tipos de caídas distintas.

Las diferentes reacciones que tiene el sujeto en cada caída son una fuente cierta y abundante de información para el hipnotizador, y se revelarán muy valiosas.

La experiencia nos ha permitido hacer una escala gráfica sobre la «marcha de la sugestionabilidad relativa a las caídas hacia atrás», de la que emergen ocho resultados básicos:

1) El sujeto *se queda dormido*: no ocurre con frecuencia, sólo en un 2 %.
  En estos casos, el operador podrá pasar a fases hipnóticas más profundas, si las condiciones ambientales lo consienten, o bien le dirá al sujeto que contará hasta cinco, y cuando diga cinco él se despertará sin problemas.
2) La persona *se cae en cuanto el operador piensa en hacerle caer*.
  Este hecho puede producirse con un porcentaje del 8 %: con los individuos que reaccionan de este modo se puede intentar también el *adormecimiento directo*.
  Se trata además de sujetos que se revelan sensibles a la *terapia hipnótica*.
  Se consiguen excelentes resultados, por ejemplo, en el *tratamiento de las quemadura*.
3) El sujeto *se cae antes de que empiece la cuenta: ocurre en el 30 % de los casos*. (Debería producirse con todos los sujetos que sean capaces de pensar).
  Con estos individuos, que suelen ser personas jóvenes, se podrá realizar la prueba hasta sin hablar, y se obtendrán excelentes resultados incluso en la caída hacia adelante. Funcionará muy bien en ciertas órdenes, como, por ejemplo, la de despertarse a una hora determinada. Se trata, por lo tanto, de personas ideales para *sugestiones poshipnóticas* y para *autohipnosis*.
4) El sujeto *se cae durante la cuenta:* este comportamiento se produce en el 50 % de los casos y demuestra que el mismo es *sensible a la acumulación de energía mental*.
  Por lo tanto, podremos intentar atraerle hacia atrás utilizando un imán que mantendremos a unos tres centímetros de la espalda del sujeto. En ese caso, éste se caerá hacia atrás sin sugestiones verbales.
5) El individuo *está a punto de caer* durante la cuenta: *consigue detenerse* para atender al último número, o bien a una orden nuestra.
  El caso se produce con una frecuencia del 30 % y nos revela que el sujeto es sensible a nuestras órdenes, y que funcionará

bien en las órdenes poshipnóticas, tanto visuales, como táctiles y olfativas.

6) La persona no da señales de caerse: *la caída se produce,* sin embargo, *de golpe,* en el mismo momento en que *termina* nuestra cuenta.

    El fenómeno se presenta en el 15 % de los casos y significa que el inconsciente del sujeto tiene un buen control sobre la parte consciente.

    Estos individuos revelan una predisposición por la *escritura automática dirigida,* y podremos hacerles *preguntas directas* muy interesantes, como, por ejemplo: «¿Qué he de hacer para quedarme dormido?», porque funcionan bien en la *sugestión directa.*

    Se ha observado una buena aptitud en la utilización del *péndulo radiestésico.*

7) El individuo *siente la atracción, pero no se cae.*

    El hecho se repite con un porcentaje del 7-8 %, y revela que la persona *no está lo suficientemente relajada;* el individuo *tiene miedo al ridículo:* hay una lesión entre su «yo» y el nuestro. Por lo tanto, habrá que resolver el problema tratando de aclararlo y quitarle dramatismo, llevando a cabo también alguna caída sobre otros sujetos.

    Le diremos que la caída no supone un riesgo, que la prueba no lesiona su personalidad; que se trata, en el fondo, de llegar a tener la relajación necesaria, y que lo único que ha impedido que el experimento funcione ha sido su tensión.

    A continuación, repetiremos la prueba, que esta vez dará resultado.

    Hay que tener en cuenta también que la repetición de la prueba da lugar a la «acumulación» que transforma los resultados mejorándolos.

8) El sujeto *ni se cae ni siente nada:* la frecuencia de este comportamiento es de un 2 %, y las causas pueden ser diferentes:

    a) Es el operador quien ha hecho algo incorrecto, en cuyo caso habrá que repetir la prueba, tratando de camuflar el error con alguna gracia.

b) Pueden valer en principio las motivaciones ya enumeradas en el anterior punto 7).
c) La prueba no funciona porque el sujeto está oponiendo una fuerte resistencia.

Una vez comprobado este hecho, habrá que abandonar a esa persona, haciendo que se sienta excluida del grupo: se pondrá en claro que desafíos de ese tipo sólo se deben a las limitaciones del individuo: limitaciones en su sensibilidad y en su inteligencia.

Advertencia para los entrenamientos

Conviene *no llevar a cabo más de 5 caídas* hacia atrás en el mismo sujeto, naturalmente durante el mismo día.

Conviene también que la repetición de la caída, siempre en la misma persona, se produzca *no antes de que hayan pasado cinco minutos* de la prueba anterior.

Se recomienda, finalmente, *no superar el límite de 5 individuos al día*.

A la hora de valorar los resultados, hay que tener en cuenta si se trata de la primera caída, o si el sujeto ha visto, de algún modo, cómo se hace.

Cada prueba mejora, de hecho, el resultado anterior, y se produce un perfeccionamiento a nivel inconsciente: la imagen correcta rozará primero la conciencia profunda, a continuación quedará grabada y finalmente formada.

4.ª LECCIÓN

Caída hacia atrás

Gráfico de tensión y sugestionabilidad

El gráfico que se encuentra en la página siguiente muestra las distintas fases que se suceden en la «caída hacia atrás», en relación con las tensiones que se crean en el sujeto durante la prueba.

Vamos a ilustrar las distintas fases de la prueba, aclarando la andadura del diagrama.

Anteriormente habremos procurado preparar al sujeto mediante la prueba de la relajación del brazo sobre el índice. A continuación, habremos aclarado la finalidad de la hipnosis.

En la fase 1 del gráfico, el operador se dirige al sujeto con la siguiente frase: «Ahora me voy a poner detrás de ti, y cuando caigas hacia atrás yo te sostendré».

Como se observa en el gráfico, la tensión empieza a subir.

En las fases 2-3 el hipnotizador tiene que crear el momento en que le pidan que haga el experimento, mientras observa las tensiones que se irán desarrollando.

En la fase culminante 4 –que roza el «umbral del miedo», pero no ha de superarlo–, se produce la elección del sujeto. La tensión va bajando, y en esta fase tiene lugar la preparación del experimento.

El operador (fases 5-6-7) se dirigirá al individuo diciéndole que se trata de una prueba muy sencilla. La bajada de tensión continúa: el sujeto ha sido tranquilizado.

En la fase 8 ya no se hablará de «prueba» como antes, sino de «experimento».

A partir de ahora, las explicaciones serán breves y concisas. La tensión sube y, en la fase 9, aumenta otra vez, a causa del silencio del que el operador se habrá rodeado de repente. Éste se habrá puesto serio, imponiendo con gesto tajante el silencio total. En ese instante, el hipnotizador invitará al sujeto *por sorpresa*, y dará comienzo sin más al experimento.

En la fase 10-11 la tensión sube, hasta que el sujeto, en la fase 12, cae.

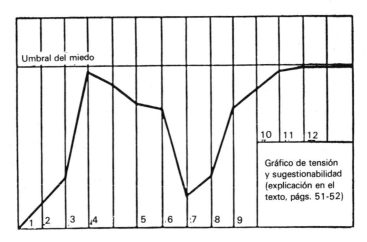

Gráfico de tensión y sugestionabilidad (explicación en el texto, págs. 51-52)

Qué ocurre en la psique del sujeto durante la caída hacia atrás

El gráfico de la página siguiente pone de manifiesto lo que se produce en la psique de la persona durante la prueba de la «caída hacia atrás», refiriéndose en particular al inconsciente.

— En la fase 1-2 del gráfico, el sujeto piensa que se va a caer.
— En la fase 3-4, tiene lugar la fase de carga: muestra cuándo las cosas que han sido dichas hacen mella.

- En la fase 4-5, se ve cuando las cosas dichas se graban en el inconsciente.
- En la fase 5-6, el inconsciente obedece.
- En la fase 6-7, el sujeto se está cayendo, y su parte consciente se da cuenta de que se está cayendo.
- En la fase 7-8, la persona no retiene la caída.
- En la fase 8-9, el sujeto se ha caído y acepta este hecho.
- En la fase 9-10, el individuo se da perfecta cuenta de que se ha caído.
- En la fase 10-11, se produce la ola de retorno, con la que el inconsciente señala que ha obedecido.
- En la fase 12-13, tenemos la señal de recibo de retorno.
- En la fase 13-14, aparece el eco de sugestionabilidad.
- En la fase 13-14-15, tenemos puntos muy importantes, porque sirven como referencia para aumentar el nivel de sugestionabilidad futura.

Mejorar los efectos de acumulación debido a la repetición de la prueba

Tiene una gran importancia la repetición de las pruebas que, acumuladas *en los momentos exactos*, permiten obtener notables y rápidos resultados de hipnosis. Por ejemplo, se pueden conseguir, en un tiempo mínimo, visiones, escritura automática, segunda vista, regresiones, etc.

Los *tiempos exactos* entre una y otra caída son consignados en una «tabla» especial, de una precisión matemática, que se entregará a los alumnos al finalizar el curso de perfeccionamiento.

La caída hacia adelante

La caída hacia adelante es una prueba aún más importante que la anterior, ya que el miedo a caer hacia adelante es mucho más intenso.

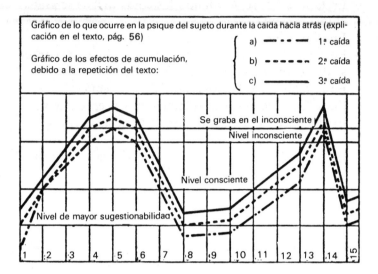
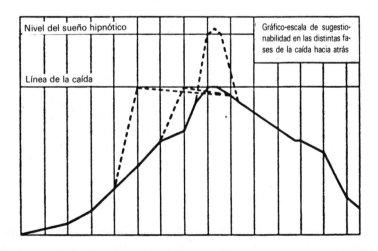

El ejercicio requiere, por lo tanto, una confianza mucho más amplia, que iremos consiguiendo poco a poco, realizando dos tipos de experimento:

— La primera caída con los ojos cerrados.
— La segunda, con los ojos abiertos, para captar una mayor cantidad de reacciones del sujeto.

Por lo tanto, vamos a analizarlas por separado, recordando que sólo se podrán llevar a cabo después de la prueba de la caída hacia atrás.

La caída hacia adelante con los ojos cerrados

Tras una breve pausa después del anterior ejercicio, volveremos a llevar el sujeto a la postura óptima, con la única variante de que *ante* nuestros ojos tendremos el rostro de la persona.

Antes de pasar a la sugestión, no obstante, conviene *comprobar su grado de relajamiento*, recordando en particular que los signos que confirman un estado optimal son los siguientes:

— La oscilación (sobre los pies; también sobre la espalda, cuando la cabeza tiende a superar la línea de la espalda).
— La ausencia de sudor y deglución.
— La boca entreabierta.
— La falta de tensión en los músculos «visibles» (cuello, frente, mandíbulas, etc.).

A continuación, vamos a pedirle al sujeto que *cierre los ojos*, y vamos a ejercer en ellos una *ligerísima presión* de arriba abajo, como para sellar su cierre.

Vamos a colocarnos *en una postura* de buen equilibrio, preparados para sujetar el cuerpo del sujeto, y *vamos a extender nuestros brazos*, semiextendidos, y con las palmas de las manos vueltas hacia el sujeto, a la altura de su pecho.

Si se trata de sujetos femeninos, en cambio, por delicadeza, y por una diferencia de estatura, vamos a extender los brazos, a la altura de los hombros.

Vamos a tocar al sujeto, para garantizarle con este contacto que le sostendremos en su caída, a continuación despegaremos nuestras manos manteniéndolas a unos 15 centímetros.

Pasaremos luego a la *sugestión verbal,* invitando al individuo a *pensar intensamente que va a caerse hacia adelante,* y ordenándole que lo haga al finalizar nosotros la cuenta.

Durante la prueba, el operador pondrá una atención especial en observar en el sujeto:

— La oscilación de los párpados.
— El movimiento del globo del ojo bajo el párpado.

Al contrario que en la prueba de la caída hacia atrás, a los sujetos femeninos se les permitirá calzar zapatos de tacón, ya que el centro de gravedad, al encontrarse desplazado hacia adelante, facilita este tipo de caída.

Vamos a *resumir* ahora en pocas palabra *las modalidades* de la «caída hacia adelante con los ojos cerrados».

Después de la prueba de la caída hacia atrás, el operador se pone delante de la persona, y procede de la siguiente manera:

1) Comprobación de la relajación.
2) Cerrar los ojos al sujeto.
3) Ejercer con los pulgares una ligera presión en los globos de los ojos, de arriba abajo.
4) El operador se coloca en posición de buen equilibrio.
5) El hipnotizador toca los hombros del sujeto para tranquilizarle, y pone las manos en posición.
6) Decir: «Piensa intensamene: Voy a caerme hacia adelante».
7) El operador se concentra y piensa: «Cáete hacia adelante.»
8) Decir: «Ahora voy a contar hasta 7, y cuando diga 7, y no antes, te sentirás atraído hacia adelante, hacia mí, y te caerás.»
9) Contar: «¡1, ... 2, ... 3, ... 4, ... 5, ... 6, ... (distancia) ... 7!»

También en esta prueba se pueden utilizar las siguientes técnicas, juntas o separadas:
- Sugestión verbal.
- Presión telepática.
- Presión magnética.

Distintas modalidades para ejercer la atracción magnética en la caída hacia adelante con los ojos cerrados

- 1ª modalidad: Se ponen las manos, simplemente apoyándolas, en la parte anterior de los hombros del sujeto, pensando intensamente en tirar del mismo y despegando lentamente las manos.
- 2ª modalidad: El operador pone las manos cerca de las orejas de la persona, con las puntas de los dedos vueltas hacia atrás, y ordenando al sujeto que cierre los ojos.

    De este modo se desplaza totalmente el quilibrio, y se varían en consecuencia las ondas magnéticas que hay alrededor de la cabeza.
- 3ª modalidad: El hipnotizador apoya ligeramente sus manos en los lóbulos frontales del sujeto, imaginándose una aspiración *in situ*. Las manos, sin embargo, tendrán que permanecer unidas (la una siendo la continuación de la otra), ya que ha de crearse un único campo magnético.

Otra posible prueba: la rotación del sujeto

Tras la caída hacia adelante con los ojos cerrados, si se quiere, se puede llevar a cabo una prueba tan sencilla como eficaz que, sin embargo, no vamos a realizar −obviamente− sobre aquellas personas que padecen vértigo o desequilibrios neurovegetativos.

Dicha prueba se llevará a cabo haciendo girar al sujeto, ensanchando paulatinamente el círculo.

De ese modo se trastornan todos los equilibrios: cuantas más vueltas se dan, tanto más sugestionable se volverá el sujeto, y, por lo tanto, se podrá influir más en su mente.

La caída hacia adelante con los ojos abiertos

Esta prueba consiste en una serie de dificultades que van en aumento, precisamente porque el individuo va a visualizar su propia caída: nuestra actitud deberá, por lo tanto, comunicarle toda nuestra seguridad, a fin de *ayudarle a superar el umbral del miedo*.

La postura será, obviamente, la anterior, pero esta vez será muy importante lo que hagamos con nuestros ojos.

Es aquí donde surge el problema de la «mirada fija», que consiste en observar fijamente al sujeto en medio de la frente, un poco por encima de la raíz de la nariz, es decir, en el punto que está a igual distancia del punto de unión de las dos cejas: se trata del llamado tercer ojo.

Por lo tanto, allí es donde vamos a concentrar el rayo luminoso de nuestros ojos.

Trataremos, además, de penetrar con nuestra mirada en el interior de dicho punto, enfocándolo a una profundidad de un par de centímetros.

El sujeto tendrá la sensación de que le miramos con ambos ojos, y se sentirá irresistiblemente atraído por nuestra mirada. Al mismo tiempo, le pediremos que fije su mirada en uno de nuestros ojos.

Por una razón meramene psicológica, y porque la creencia popular lo quiere así, el operador no tiene que parpadear mientras fija la mirada.

Para eso, tendrá que entrenarse todos los días —por ejemplo, delante del espejo, mirando fijamente su propio tercer ojo—, para acostumbrarse a mirar fijamente sin que en los ojos se le produzcan escozores ni lagrimeos.

En el momento en que sintamos escozor, o necesidad de bajar los párpados, tendremos que recurrir a una pequeña astucia.

Hay un truco que permite al operador bajar los párpados, pero de forma que el sujeto lo ignore, y consiste en decirle: «Cierra los ojos.» Cuando el hipnotizador haya parpadeado, añadirá: «Ahora abre los ojos.» ¡El sujeto volverá a abrir sus ojos, y no se habrá enterado de lo que ha pasado, sino que creerá que el operador ha seguido mirándole fijamente todo el tiempo!

A continuación, seguiremos impartiendo nuestras órdenes mentales, listos para sostener al sujeto en su caída al finalizar nuestra cuenta.

En resumen, para la caída hacia adelante con los ojos abiertos, procederemos de la siguiente manera:

1) Comprobación del grado de relajación.
2) El operador «mira fijamente» al sujeto en el tercer ojo, a la vez que le dice que fije su mirada en uno de sus ojos.
3) El hipnotizador se coloca en buen equilibrio.
4) El operador pone las manos en posición.
5) Dice: «Piensa intensamente: me estoy cayendo hacia adelante.»
6) El hipnotizador se concentra y piensa: «¡Cáete hacia adelante!»
7) El operador dice: «Ahora voy a contar hasta 7, y cuando diga 7, y no antes, te sentirás atraído hacia adelante, hacia mí, y te caerás.»
8) Se empieza la cuenta, dejando, como siempre, una distancia entre el penúltimo y el último número.

Está claro que también para esta prueba se pueden utilizar, juntas o por separado, las técnicas de la:

— Sugestión verbal.
— Presión telepática.
— Presión magnética.

Ejercicios

Hay que tener en cuenta que en este período no se pueden llevar a cabo experimentos sobre más de *cinco personas al día*.

Además, para un mismo sujeto no se puede proceder o replicar a menos de *TRES MINUTOS* de distancia entre un experimento y otro.

En la realización de los ejercicios, podremos atenernos al esquema siguiente, para un mismo sujeto, con un intervalo de tres minutos entre uno y otro:

a) Caía hacia atrás con sugestión verbal.
b) Caída hacia atrás con sugestión telepática.
c) Caída hacia atrás con sugestión magnética.
d) Dos caídas hacia adelante con los ojos cerrados.
e) Dos caídas hacia adelante con los ojos abiertos.

5.ª LECCIÓN

Entrelazar las manos

Entrelazar las manos, a pesar de que sigue siendo una prueba prehipnótica, es ya el primer grado de la hipnosis.

Con las caídas, el sujeto aceptaba una orden nuestra y la ejecutaba; en cambio, el experimento que vamos a describir ahora consiste en *llevar el control de la persona totalmente al exterior.*

Es el operador quien controla el inconsciente del sujeto, aunque sea superficialmente; por lo tanto, el sujeto, por más que lo intente, no podrá despegar las manos hasta que nosotros no queramos.

Es importane aclararle una vez más al sujeto que su colaboración es necesaria; que no se trata de un desafío.

Tras el experimento, procuraremos explicar al mismo que la prueba ha funcionado a pesar de su oposición consciente; y ha funcionado precisamente porque él anteriormente nos ha permitido entrar en su inconsciente.

Por eso, se ha visto obligado a hacer algo que a nivel consciente no quería.

Pero que quede claro: eso que se ha visto obligado a hacer, ha sido posible únicamente porque no contrastaba en absoluto con sus principios éticos, ni con sus convicciones.

Distintas maneras de entrelazar las manos

Este experimento tendrá lugar cuando hayamos terminado con todas las caídas hacia atrás y hacia adelante.

Como se trata de pruebas que se realizan por contacto directo, conviene invitar a los que llevan *gafas* a quitárselas (el operador, por norma general, actuará siempre sin ellas); además, le haremos quitarse los *anillos,* para evitar roces molestos.

Además, puesto que este experimento requiere un grado de relación notable, será oportuno hacer que el sujeto se siente, a pesar de que no es indispensable. Las piernas, naturalmente, no se deben cruzar.

Conviene recordar también que, durante la prueba, el individuo puede tener los ojos cerrados o abiertos, aunque con los ojos abiertos la cosa es más espectacular.

Una vez que el sujeto este oportunamente relajado, vamos a continuar, observando las siguientes *reglas y precauciones:*

1) Ordenarle, si es necesario, que haga unas cuantas *respiraciones* profundas.
2) Invitarle ahora a *entrelazar sus manos* sobre el pecho, procurando que los pulgares no se toquen.
3) Ejercer una ligera *presión sobre los codos* del sujeto para que sus dedos se enganchen mejor, y apoyar nuestra mano sobre sus nudillos, para sellar aún más la atadura.
4) Invitar al individuo a *mirarnos a los ojos*, para que su atención se centre únicamente en nosotros, excluyendo así el mundo externo.

   El operador *mirará fijamente* al sujeto en el tercer ojo, con el enfoque correcto.
5) Mantener una distancia de 40 centímetros aproximadamente, y dar comienzo a la *sugestión*, tanto verbal como mental: En efecto, es importante limitar al máximo el pensamiento del sujeto; por lo tanto, tendremos que hacer que se centre todo en nosotros.

   Para eso tomaremos todas las precauciones posibles respecto al lenguaje, al tono, al ritmo de nuestra sugestión verbal;

nuestra actitud será segura, mantendremos la mirada fija sin la más mínima debilidad (si es preciso, repito, le diremos al sujeto que cierre los ojos).

Para evitar vacilaciones, al menos las primeras veces procuraremos ensayar antes algunas fórmulas demando, al estilo de la siguiente:.

6) «... Tus manos se van uniendo cada vez más...
... tus manos se van uniendo por momentos...
... ahora voy a contar hasta diez, y según vayan avanzando los números, tus manos irán uniéndose cada vez más. Cuando diga diez, tratarás despegarlas, pero no lo lograrás. Cuanto más intentes despegarlas, más unidas quedarán.
Podrás desatarlas sólo cuando te lo diga yo.»

7) A continuación, empieza la *cuenta,* si es preciso intercalando los números, procurando transmitir siempre al sujeto la seguridad de que el experimento funcionará.

8) Finalizada la cuenta, dejaremos que el mismo se las arregle con su «nudo», pero concediéndole, al menos al principio, un tiempo más bien limitado, inferior a los diez segundos.

Si al sujeto se le ocurre reírse durante el experimento, hay que suspenderlo por un instante, y luego volver a empezar desde donde lo habíamos dejado, actuando con naturalidad, sin darle la menor importancia a lo sucedido.

Muchas veces la gente se ríe por nerviosismo e inseguridad.

Mientras le *miramos fijamente,* si vemos que el sujeto va a cerrar los ojos o no consigue mantenerlos abiertos, podemos perfectamente decirle que los cierre.

Tiempo de los experimentos

Recordamos que en este período se pueden llevar a cabo las pruebas sobre cinco personas al día como máximo.

Para un mismo sujeto hay que respetar los tiempos de un minuto y medio entre el final de una prueba y el comienzo de otra.

Autocontrol, preparación para la autohipnosis. Sugerencias... y posibilidades

Hemos dicho repetidas veces que el operador tiene que transmitir una sensación de gran seguridad; a este respecto, hemos introducido algunos temas, con la única finalidad de concedernos una ventaja sobre los sujetos que vamos a hipnotizar: nos referimos al concepto de lo «casi real», al problema de la timidez, a la importancia de realizar técnicas de relajación.

Volvemos a insistir en la necesidad de mejorar la respiración, recordando el proverbio chino que dice: «Quien respira bien, ama el bien; quien respira mal, ama el mal.»

En efecto, una buena respiración es necesaria para eliminar las impurezas que hemos ido acumulando, y para permitirnos de ese modo sintonizar con algunas posibilidades maravillosas.

El control del latido del corazón

Todos nuestros músculos se pueden controlar, incluso los músculos involuntarios.

Nuestra conciencia puede controlar algunos hasta un cierto nivel, otros completamente; el inconsciente, en cambio, tiene la posibilidad de controlarlos todos en todo momento.

Por lo tanto, tenemos la facultad de controlar incluso el latido de nuestro corazón, teniendo en cuenta, además, que *todos los músculos están en condiciones de sustituir al corazón* en sus funciones, cuando éste no trabaja como es debido: es decir, estos músculos se convierten en verdaderos corazones auxiliares.

¡Hasta un recién nacido es capaz de controlar sus propios músculos!

El control del latido del corazón puede ser muy útil para *aumentar o disminuir el riego sanguíneo*.

Estas son algunas de las muchas aplicaciones que se pueden dar:

— Cuando nos vemos obligados a ayunar durante muchos días.

— Cuando estamos encerrados en poco espacio, con poco oxígeno.
— Cuando es preciso desarrollar en pocos instantes mucha fuerza física.
— Cuando hay que detener una hemorragia.
— Cuando hay que elevar la temperatura de alguna parte del cuerpo.

Modalidades para el control del latido del corazón

El latido del corazón se puede regular con diferentes sistemas, a saber:

1) La primera técnica se basa en una gran concentración de nuestra mente. Puede bastar con una orden mental clara, es decir, impartida sin la menor inseguridad.
2) Saber que este control es posible, constituye ya de por sí una técnica.
3) El acto de aumentar o disminuir el ritmo respiratorio facilita la aceleración o la ralentización, respectivamente, del latido del corazón, mientras que todas las energías se concentran en el corazón.
4) Hay otra técnica, que consiste en autosugestionarnos, dirigiéndonos la palabra a nosotros mismos, llamándonos por nuestro nombre, como si hablásemos con otra persona, y darnos la orden mental, directamente dirigida a nuestro corazón.
A este respecto puede sernos muy útil tener preparada la «ficha mental» que sacaremos en el momento adecuado, en caso de necesidad.
5) Sin embargo, la técnica más fácil para controlar el latido de nuestro corazón es la siguiente:

— *Para RALENTIZAR el latido:*
Hay que imaginar, o, mejor dicho, visualizar, un *hilo* lu-

minoso, de color verde pálido o *azul,* que recorra todo nuestro brazo, desde la mano hasta el hombro.

A continuación, empezaremos a *tirar* del hilo, comenzando desde el húmero, y acompañaremos la operación con una *orden mental* como la siguiente: «Tu pulso empieza a menguar. Mientras el hilo azul va subiendo por el brazo, sentirás cómo el latido de tu corazón irá bajando lentamente. Cuando todo el hilo haya salido por el hombro, tu ritmo cardíaco se habrá normalizado.»

Insistimos en la utilidad de hablarnos a nosotros mismos utilizando la «segunda» persona, llamándonos incluso por nuestro nombre: «... tu pulso, X, ...»

Esto se puede practicar también sobre los miembros inferiores. En ese caso, el hilo de color se tiene que imaginar con su centro en el estómago (plexo solar).

— *para ACELERAR el latido*:

En este caso, el color del *hilo* que visualizaremos tendrá que ser *rojo,* o morado, o naranja. Aquí tenemos que imaginar que el hilo *baja* desde el hombro y *sale* por la mano, y nuestra *orden mental* en consecuencia tendrá que variar necesariamente.

Además, será interesante observar que la aceleración del ritmo cardíaco provocará a la vez un aumento de la temperatura; reacción inversa a la ralentización.

Este *ejercicio* de aceleración y ralentización del latido del corazón lo podemos hacer sobre nosotros mismos una o dos veces al día.

Hay que recordar que, cuando tengamos necesidad de poner en marcha este mecanismo, su efecto tiene la *duración de dos horas* aproximadamente.

También podemos acelerar o ralentizar el latido del corazón de *otra persona.* Eso se conseguirá:

— Haciendo que el sujeto se relaje.
— Realizando pasos magnéticos sobre él.
— Diciéndole después que se imagine el hilo de color.

Si el *sujeto* se hubiera *desmayado,* haremos aumentar el latido de nuestro corazón (¡pero sin que entre la adrenalina en la sangre!) y, cogiendo los pulgares de sus manos en las nuestras, nos concentraremos visualizando el hilo rojo sobre el sujeto, dando la orden mental de reactivar y acelerar el latido del corazón.

Hay que *evitar* realizar *pruebas* de aceleración y ralentización del latido del corazón o del pulso, con mujeres que se encuentran *en el período menstrual,* porque dichas pruebas podrían influir negativamente en el curso de las reglas.

Esta norma hay que observarla tanto si la prueba se lleva a cabo sobre un sujeto mujer, que está en ese período, como si el hipnotizador es mujer y realiza la prueba sobre sí misma estando en ese período.

Un interesante experimento que tienen que llevar a cabo tres personas, es el siguiente:

Mientras hacemos acelerar o ralentizar nuestro pulso y tenemos al sujeto cogido de la mano, la tercera persona controlará nuestro pulso y el del sujeto.

Unos instantes después, la persona que realiza el control constatará que el pulso del sujeto adquiere el ritmo de nuestro pulso.

El control de la temperatura del cuerpo

Puede que convenga canalizar un flujo de sangre hacia una determinada parte del cuerpo, por ejemplo, hacia las extremidades inferiores.

Por lo tanto, visualizaremos, como siempre, los hilos (en este caso, puesto que se trata de llevar calor, el de color rojo), y los haremos partir del estómago.

Los hilos llegarán hasta los pies, atravesando, obviamente, toda la pierna, y la operación se tendrá que llevar a cabo primero para un miembro, después para el otro.

Para detener una hemorragia

A este respecto no debería haber dudas: bastará con visualizar, como siempre, el *hilo* verde claro o *azul,* hacerlo *subir,* impartiendo siempre la *orden mental* que imponga a la sangre invertir su dirección hasta conseguir la detención total del flujo.

Corazones suplementarios

Existe la posibilidad de crear corazones suplementarios al corazón principal en el interior de la persona, como ocurre con los insectos.

La técnica de los corazones suplementarios la utilizan también los yoguis en la muerte aparente.

En este estado de muerte aparente, mientras el músculo cardíaco está parado, otros corazones suplementarios esparcidos por la persona se encargan de que la sangre corra por la arterias y las venas.

Cuando nos lastimamos, por ejemplo, en un dedo, sentimos una pulsación cerca de la herida: esta pulsación no es otra cosa que un corazón suplementario natural que se ha puesto en marcha automáticamente, puesto que el tejido lesionado necesitaba, para reconstruirse de prisa, un mayor riego sanguíneo.

Este corazón suplementario natural dejará de pulsar cuando haya terminado su función y ya no se le necesite.

Nosotros mismos, pues, podemos poner en marcha estos corazones auxiliares, puesto que en nuestro organismo tenemos 60. Naturalmente, no podremos ponerlos en marcha todos juntos, pero sí a varios de ellos al mismo tiempo.

Por ejemplo, podríamos disfrutar de estos corazones suspendiendo el corazón artificial y el riego sanguíneo durante una operación en la región cardíaca.

Además, en *caso de congelación,* o si tuviéramos que estar sepultados por una avalancha bajo la nieve, puede ser extremadamente útil aumentar la temperatura sobre una determinada parte del cuerpo que esté necesitada, poniendo en marcha un corazón suplementario, en las proximidades del órgano que tenemos que regar abundantemente, pero *encima.*

Ciertos espasmos, contracciones, pulsaciones —como en el ejemplo dado— que en ocasiones advertimos en alguna parte del cuerpo, no son otra cosa, lo repetimos, que corazones de seguridad que se forman espontáneamente durante el tiempo que haga falta, y que desaparecen una vez terminada su función.

En el caso en que tuviéramos que *reforzar la vista,* podríamos eficazmente crear una serie de corazones suplementarios *en la base del cuello.* ¡JAMÁS se deberá, por ningún motivo, crear *CORAZONES EN EL CEREBRO* o en la cabeza!

Durante el *embarazo,* crear corazones suplementarios ayuda muchísimo sobre todo al feto, así como al acercarse el momento del *parto* conviene aumentar el riego sanguíneo, suscitando, precisamente, corazones auxiliares.

También hay otra aplicación práctica muy eficaz de los corazones suplementarios, que consiste en *curar* rápidamente una parte enferma del organismo, para cicatrizar heridas, abscesos, etc.

A fin de aumentar la circulación de la sangre, para un mejor riego del estómago o del intestino, hace falta crear un corazón suplementario cerca del plexo solar.

No olvidemos que cuando aumentamos el riego en *zonas periféricas* (miembros inferiores o superiores), tenemos que crear enseguida unos corazones auxiliares.

Es de vital importancia recordar que *no se debe regar la zona en la que hay un tumor,* ya que eso haría crecer el tamaño del mismo.

Al recordar que la respiración y el latido del corazón son dos cosas bien distintas, queremos subrayar que, para evitar que una pérdida de concentración ralentice el flujo de energía, y para mantener durante más tiempo esta función es necesario crear un corazón suplementario.

El corazón auxiliar deberíamos suscitarlo siempre en la base del órgano que queremos regar, pero entre el órgano y el corazón principal, como hemos dicho.

Además, es bueno saber que se puede establecer fácilmente un corazón auxiliar en un cruce de nervios, en los ganglios, en los miembros y en los fascículos musculares gruesos.

Modalidades para suscitar corazones suplementarios

Para suscitar un corazón suplementario, hay que concentrarse visiblemente en la parte escogida del cuerpo, imaginando que esta parte se contraiga rítmicamente.

Nos dirigiremos mentalmente a nosostros mismos como si fuéramos otra persona, diciendo: «Ahora tengo un corazón suplementario; está regando perfectamente los tejidos circundantes; pulsa... pulsa... pulsa...»

Al cabo de un rato, se producirá la contracción varias veces. Reforzaremos la orden mental que pondrá en marcha el mecanismo automático, imaginando al corazón suplementario que pulsa.

Será de gran ayuda poner un dedo sobre el punto en el que queramos que aparezca el corazón suplementario, e imaginarnos una ola roja que arranque de nuestro corazón y, recorriendo el brazo, pulse en el punto escogido, saliendo finalmente de nuestros dedos.

Se pueden hacer hasta 3 o 4 corazones suplementarios a la vez.

Cómo «limpiar» los pulmones

Empezar con un ejercicio de relajación.

A continuación, sentarse en una silla, en postura correcta, apoyando las manos sobre las piernas. (Por supuesto, son muy útiles las posturas del yoga, pero siempre preferimos remitirnos a situaciones que sean claras para todos).

Con los ojos cerrados, vamos a imaginarnos bajo las ramas de un pino o de un eucalipto: a nuestro alrededor hay quietud, el clima es templado, y el calor del aire es suficiente para derretir los saludables óleos de estos árboles preciosos.

Visualicemos este aire, inspirándolo por la nariz y tratando de llenar nuestros pulmones lo más posible: el acto respiratorio deberá, por lo tanto, empezar por el abdomen y subir lentamente, en progresión natural.

Podemos facilitar este acto, imaginándonos una vez más que estamos llenando una botella, de abajo arriba.

Tiempos para la depuración de los pulmones

Retenemos el aire durante cerca de 20 segundos, a continuación lo expulsamos por la boca, imaginando esta vez que el aire, al salir, se lleva de nuestros pulmones todos los residuos nocivos que éstos han ido acumulando.

La expulsión, lenta y muy profunda, tendrá que involucrar, también en este caso, todos los órganos de la parte alta de los pulmones, y bajar hasta el vientre, en un movimiento armónico que evoque un cuenco.

Una vez vaciados del todo los pulmones, trataremos de mantener este estado durante 20 segundos por lo menos: de ese modo conseguiremos, con la siguiente inspiración, una dilatación de hasta dos veces y media superior a la dilatación normal.

Una cosa que nos puede ayudar mucho en este tipo de respiración es la de imaginar a nuestros pulmones como una botella, que iremos llenando hasta el cuello.

En la expulsión, procederemos en sentido inverso: primero vaciaremos la parte alta de los pulmones, y después la parte baja.

Conclusión

Hemos querido hablar a propósito de sugerencias y... posibilidades, dejando para más adelante el capítulo de la autohipnosis.

Esta anticipación, por lo tanto, se debe entender como *momento de concentración y de diálogo con nosotros mismos,* para superarnos antes aún de adquirir compromisos más serios.

Vamos a ver ahora, en breve, cómo ponernos en la mejor situación de entrar en coloquio con nuestro yo.

Vamos a empezar, por ejemplo, con algunas caídas hacia atrás, que realizaremos poniéndonos a unos 20 centímetros de distancia de una pared.

Hacer unas cuantas respiraciones.

«Presentarnos a nosotros mismos». O sea, decirnos: «... te presento a X»... y después continuar con tono lento y rítmico en la sugestión deseada, como si habláramos a otra persona.

Resumen de los ejercicios para el autocontrol

Control del latido cardíaco:

— *Para ralentizar:* Vamos a imaginarnos que tiramos de un *hilo azul* que atraviesa nuestro brazo y lo sacamos. Hay que tirar *de abajo arriba.*

— *Para acelerar:* Vamos a imaginarnos que tiramos de un *hilo rojo* que atraviesa nuestro brazo, y lo sacamos. Hay que tirar *de arriba abajo.*

Al mismo tiempo tenemos que enviar esta orden mental: «Tu pulso empieza a ralentizarse (o acelerarse, según los casos). Conforme vayas tirando del hilo azul (o rojo), tu pulso se ralentiza. Se ralentiza cada vez más...»

Resumen del ejercicio para el corazón suplementario

— Concentrarse visualmente en el punto determinado del cuerpo, imaginando que se contraiga.
— Poner sobre ese punto la yema de nuestro dedo hasta que sintamos que empieza a pulsar.
— Pensar en un hilo rojo que, por oleadas, rítmicamente, bombea en ese punto concreto.

Resumen del ejercicio para depurar los pulmones

— Empezar con un ejercicio de relajación del brazo sobre el índice.

- Sentarnos en postura cómoda; posar las manos sobre nuestras piernas sin cruzarlas.
- Cerrar los ojos y calmarnos.
- Imaginarnos que estamos con la espalda apoyada al tronco de un pino; pensar que el aire derrama en ella la fragancia de los pinos.
- Visualizar este aire balsámico y llenar nuestros pulmones como si llenáramos una botella, durante 20 segundos, imaginando que estamos almacenando prana.
- Retener el aire durante 20 segundos.
- Expulsar, como si estuviéramos vaciando una botella, durante 20 segundos, imaginando que expulsamos todo residuo nocivo.
- Mantener el vacío durante otros 20 segundos.
- Volver a empezar el ciclo.

Ejercicios

- Cruzamiento de las manos, precedido de los ejercicios de caída hacia atrás y hacia adelante, con intervalos –para el mismo sujeto– de minuto y medio.

Autocontrol

- *Control del latido del corazón (1 o 2 veces al día).*
- *Corazón suplementario.*
- *Depurar nuestros pulmones.*
- *Caída hacia atrás sobre nosotros mismos, colocándonos a 20 centímetros de la pared.*

6.ª LECCIÓN

Los bloqueos

Por bloqueo se entiende una imposición de tipo negativo que el operador inducirá en el sujeto; consiste, por ejemplo, en interrumpir un acto ya empezado, o en impedir que se lleve a cabo una determinada acción.

Durante estos bloqueos ocurre que el cerebro del sujeto envía los mensajes de movimiento a los miembros, porque éstos no llegan a su destino al estar la línea nerviosa interrumpida.

Ya con la atadura de las manos nos encontramos ante el primer «bloqueo», y ahora vamos a seguir analizando otros experimentos.

Por supuesto, el operador podrá orientarse luego hacia la acción que más se ajuste a sus características y a las de los sujetos.

No obstante, conviene *evitar por todos los medios el bloqueo de la lengua;* además, los bloqueos en estas fases iniciales sólo se deben utilizar para comprobar si el sujeto responde a nuestros estímulos, y como progresión hacia estados hipnóticos más profundos.

Una advertencia más: cuanto más pequeña sea la masa muscular sobre la que actuamos, más fácil será conseguir el bloqueo.

El bloqueo de las manos se puede ampliar. Tenemos un ejemplo en el «bloqueo sobre la silla», que se puede llevar a cabo de distintas maneras.

El bloqueo sobre la silla

Después de realizar las pruebas de la caída hacia atrás y hacia adelante, además de la atadura de las manos, haremos que el sujeto se siente cómodamente en una butaca o en una silla.

Una vez transcurrida una pausa conveniente, el operador se pondrá a una distancia de unos 40 centímetros, inclinándose para favorecer el contacto de los ojos[*]

A continuación, vamos a «fijar» nuestra mirada (teniendo siempre en cuenta que el sujeto, en cambio, tendrá que mirarnos, pero no con fijeza) y a centrar toda la atención del sujeto en nosotros, utilizando la sugestión verbal que nos parezca más oportuna:

> — «Ahora tus piernas se están insensibilizando... tus piernas están perdiendo la sensibilidad por momentos... tus piernas se están entumeciendo cada vez más; cada vez más... mientras te llega el sonido de mi voz, tus piernas siguen entumeciéndose, y tú te hallas cada vez más bloqueado en la silla (butaca)...
>
> ... ahora voy a contar hasta 5, y a cada número el bloqueo en la silla será insuperable... cuando diga 5, intentarás levantarte, pero no lo conseguirás... podrás hacerlo tan sólo cuando yo dé palmadas...
>
> ... Cuando este ejercicio haya terminado, te sentirás perfectamente bien...»

Durante la cuenta, entre un número y otro, podremos eventualmente intercalar otras breves sugestiones verbales. Al finalizar la cuenta, diremos: «Inténtalo... cuanto más te esfuerces, más bloqueado estarás...»

Luego dejaremos transcurrir algunos segundos, pero también en este caso la espera, antes de la orden liberadora, no será demasiado larga, al menos en los primeros encuentros con el sujeto.

---

[*] No es indispensable que el sujeto tenga los ojos abiertos. Si quiere, puede cerrarlos, pero —repetimos— ejecutar los experimentos con los ojos abiertos, con la «mirada fija», es mucho más llamativo en todos los sentidos.

Para devolver el sujeto a su movilidad primitiva, utilizaremos la técnica inversa, ya que de ese modo tenemos una gradualidad que impide a la persona experimentar cierto fastidioso y doloroso, aunque pasajero, malestar en los distintos músculos interesados en el bloqueo.

Por lo tanto, diremos: «Ahora, los músculos de tus piernas se van a soltar y relajar.

Ahora voy a contar hasta 5, y, a cada número, los músculos de tus piernas estarán cada vez más sueltos.

Cuando diga 5, tus piernas podrán moverse del todo, y tú te sentirás perfectamente bien, como nunca te habías sentido.»

A continuación, se empieza la cuenta.

Más adelante, se podrá intentar el bloqueo de un solo músculo. Una vez conseguido un bloqueo, se puede seguir bloqueando luego otras partes.

En el bloqueo de un miembro puede sernos de mucha ayuda ir apretando suavemente con los dedos, así como realizar pasos magnéticos.

Para los pasos magnéticos hay que recordar que, cuando se hacen de arriba abajo, sirven para bloquear, mientras que de abajo arriba desbloquean.

Hay otros tipos de bloqueo, que podríamos experimentar de manera alternativa, o en progresión, en una prueba única, y que podrían estar dirigidos hacia los músculos del busto, hacia un brazo, hacia el cuello, hacia la cabeza.

Para «desatar», hay que actuar en sentido contrario, *siempre por grados,* es decir, empezando por el último bloqueo.

Al efectuar el bloqueo de todo el cuerpo, recuérdese que hay que empezar siempre por los miembros, ya que, siendo la masa muscular más limitada, resulta más fácil el bloqueo.

Después del bloqueo de los miembros, se continúa con las demás partes.

Al llegar al tórax, es *indispensable* decir que:

— «Todos los órganos funcionan perfectamente».

Respecto a los bloqueos, puede haber «bloqueos rígidos» y «bloqueos relajados». Son muy distintos entre sí.

Otras dos técnicas para el «bloqueo sobre la silla»

Vamos a utilizar ahora dos técnicas diferentes, pero muy eficaces, para el «bloqueo en la silla».

Después de las distintas pruebas de las caídas y de la atadura de las manos, podremos decirle al sujeto que se siente cómodamente *flexionando las rodillas*.

Nos agacharemos hacia el sujeto y empezaremos con la «mirada fija», bombardeando lenta, pausada, inexorablemente a la persona con las sugestiones verbales.

Como ya hemos dicho, las técnicas de sugestión verbal que se pueden utilizar para este tipo de bloqueo son distintas:

1) Se puede, por ejemplo, utilizar sugestiones para bloquear el pie, luego el tobillo, la pantorrilla, el muslo, y toda la pierna, por este orden. A continuación, hay que empezar la cuenta. Por ejemplo:
   — «Ahora tus pies se están entumeciendo. Conforme pasa el tiempo, el entumecimiento de tus pies se extiende hasta los tobillos, y de los tobillos a las pantorrillas.
   El entumecimiento sube por momentos desde las pantorrillas hasta las rodillas, y desde las rodillas hasta los muslos.
   Tus piernas se vuelven cada vez más rígidas, y mientras te hablo se van entumeciendo aún más, cada vez más...
   Ahora voy a contar hasta 10, y a cada número, tus piernas se harán cada vez más rígidas.
   Cuando diga 10, intentarás moverlas pero no lo conseguirás. Cuanto más intentes moverlas, más se entumecerán tus piernas.
   Podrás moverlas sólo cuando yo te lo diga.
   Cuando este ejercicio haya terminado, te sentirás perfectamente bien y en equilibrio con la naturaleza...

Uno, tus piernas son cada vez más rígidas..., 2..., 3..., etc...»
2) O bien se puede *insensibilizar las piernas por partes,* de la siguiente manera:
— Tu pie está rígido, cada vez más rígido.
Ahora voy a contar hasta 5, y a cada número tu pie se hará cada vez más rígido.
Cuando diga 5, intentarás moverlo, pero no lo lograrás.
Cuanto más intentes moverlo, más rígido se quedará.
Uno, tu pie se insensibiliza..., 2..., 3..., etc.

A continuación, volver a repetir la sugestión —con sus oportunas variantes— para los tobillos, las pantorrillas, las rodillas, los muslos, las piernas enteras.

Llegados a este punto —tanto con la primera, como con la segunda técnica—, *diremos al individuo que cierre los ojos,* y después reforzando la sugestión verbal con estas palabras: «Tus piernas están completamente rígidas», *haremos de 5 a 10 pasos magnéticos de arriba abajo.*

Añadir después: «Ahora estás totalmente insensibilizado, y, por mucho que te esfuerces, no conseguirás levantarte de la silla.
Ahora contaré hasta 10, y a cada número te volverás cada vez más rígido.
Cuanto más te esfuerces en levantarte, más pegado te sentirás a la silla.
Podrás levantarte sólo cuando yo te lo diga.
Durante y después de este experimento te sentirás perfectamente bien, perfectamente descansado, en plena forma...»
Y empieza la cuenta.

Para desbloquear, hay que seguir la técnica inversa.
Continuar con la «mirada fija» y decir:

— Ahora, poco a poco, los músculos de tus piernas se van a soltar. Contaré hasta 10, y a cada número los músculos de tus piernas se irán soltando cada vez más. Cuando diga 10, los músculos de tus piernas estarán perfectamente sueltos, podrás moverte a tus anchas y te sentirás perfectamente bien y en perfecto equilibrio con la naturaleza.

Ahora hay que cerrar los ojos al sujeto y *hacer de 5 a 10 pasos magnéticos liberadores de abajo arriba* en las piernas.

Al mismo tiempo, hay que empezar la cuenta: «Uno, los músculos de tus piernas se sueltan cada vez más; dos, los músculos de tus muslos se sueltan cada vez más; tres, tus rodillas están cada vez más sueltas; cuatro, tus pantorrillas están completamene sueltas; cinco, tus tobillos están cada vez más sueltos; seis, tus pies están cada vez más sueltos, 7, 8, 9, ... 10. Ahora puedes levantarte. ¡Levántate!».

Recordar que tenemos que soltar exactamente en sentido contrario todos los músculos que antes han sido insensibilizados.

Resumen del «bloqueo en la silla»

— Después de las caídas y la atadura de las manos, hay que decirle a la persona que se siente flexionando las piernas.
— Empezar la «mirada fija».
— Empezar la sugestión verbal insensibilizando *paulatinamente* las piernas, *o bien* con la técnica *por partes*.
— Decirle al sujeto que cierre los ojos, y hacer de 5 a 10 pasos magnéticos a lo largo del miembro, de arriba abajo. Al mismo tiempo, reforzar la sugestión: «Tus piernas están completamente rígidas. Ahora estás insensibilizado del todo, y, por mucho que te esfuerces, no conseguirás levantarte de la silla. Ahora voy a contar hasta 10, y a cada número, etc...»

Para desbloquear:

— «Ahora los músculos de tus piernas se van a soltar poco a poco...» Utilizar exactamente la técnica inversa, soltando los músculos paulatinamente.
— «Ahora contaré hasta 10, y a cada número tus músculos estarán cada vez más sueltos. Cuando diga 10, podrás moverte li-

bremente, ya que tus músculos estarán perfectamente sueltos, y tú te sentirás del todo bien».
— Decirle al sujeto que cierre los ojos, y realizar de 5 a 10 pasos magnéticos liberadores en los miembros, de abajo arriba.

Ejercicios

Sobre uno mismo:

a) Enfriar y recalentar distintas partes del propio cuerpo con la técnica del hilo azul o rojo, según los casos.
b) Ralentizar un pulso al mismo tiempo que se acelera el otro, con la técnica de la visualización del hilo azul del que se tira por un lado, y que se empuja por el otro, si es rojo.
c) Suscitar corazones suplementarios

Ejercicios sobre el sujeto:

Realizar, como siempre, la secuencia de las caídas, de la atadura de las manos y, finalmente, del «bloqueo sobre la silla».

Entre una prueba y otra, para el mismo sujeto, hay que seguir utilizando los tiempos de la lección anterior: minuto y medio de intervalo.

Se puede actuar sobre 10 sujetos al día.

A veces ocurre que dos hipnotizadores, que experimentan entre sí, al finalizar las pruebas sienten dolor de cabeza.

En ese caso hay que liberar a la persona con pasos magnéticos de arriba abajo, es decir, descargar.

Este procedimiento *se utiliza únicamente* en este caso concreto.

7.ª LECCIÓN

El bloqueo del brazo

Después del «bloqueo sobre la silla», sin desbloquear las piernas, se puede pasar con mucha facilidad al bloqueo del brazo.

O bien este bloqueo se puede realizar después del bloqueo ocular. En ese caso será de lo más fácil.

Para insensibilizar el brazo, hay que *alargar el brazo* (ya que no se debe flexionar), y una vez tenso hay que obligarle a cerrar la mano en forma de puño, pero no de un modo rígido.

Para facilitar el bloqueo del brazo, hay que presionar ligeramente con los dedos el brazo del individuo, añadiendo:

— «Tu brazo se está insensibilizando. Se está insensibilizando por momentos.»

A continuación, hay que empezar la «mirada fija», haciendo al mismo tiempo de 5 a 10 «pasos magnéticos» desde el hombro hacia la mano (de arriba abajo).

Estos pasos magnéticos ayudan al sujeto a bajar hacia unos estados de relajación más profundos.

Tras la sugestión verbal, repetida varias veces y con tono pausado, se pronunciarán las palabras de siempre: «Ahora voy a contar hasta 10, y a cada número... etc.».

Para soltar, tenemos que seguir la técnica inversa, acordándonos de soltar en sentido contrario todos los músculos que hemos insensibilizado, añadiendo siempre que *después el sujeto se sentirá perfectamente bien y en equilibrio con la naturaleza*.

Conviene destacar que la insensibilización del brazo, si se hace del modo indicado, es un «bloqueo rígido», por lo tanto —si no se toman las oportunas precauciones, utilizando las sugestiones correspondientes— corremos el riesgo de hacer que las masas musculares implicadas en la insensibilización sientan realmente dolorosos espasmos.

Por lo tanto, durante la insensibilización, así como en el desbloqueo, habrá que hacer *sugestiones* que digan que *durante y después del ejercicio, el sujeto no notará ningún fastidio ni malestar*, que se sentirá perfectamente bien y en forma.

Para el «bloqueo del brazo» se puede actuar partiendo de un bloqueo anterior, así como se puede realizarlo directamente, sin ningún bloqueo anterior.

El bloqueo ocular

El bloqueo ocular es muy importante porque con este bloqueo se accede a la verdadera hipnosis.

El bloqueo ocular consiste en bloquear el movimiento de los músculos que presiden el levantamiento de los párpados, implicando de ese modo una parte muy limitada de músculos, cosa que se consigue con facilidad.

Hay *muchas maneras* de obligar al sujeto a cerrar los ojos, impidiéndole después levantar los párpados hasta nueva orden.

Todos los métodos tienden a producir cansancio en el sistema muscular ocular. Algunos de estos métodos son los siguientes:

1) El sujeto fija su mirada en la punta de un lapicero que el operador le va acercando y alejando, desde una distancia de 30 centímetros aproximadamente, hasta llegar a tocarle casi la punta de la nariz.
2) El sujeto mira fijamente una espiral, dibujada sobre una cartulina y puesta en movimiento.
3) El individuo mira fijamente dos luces de colores intermitentes.

4) El operador, mirando fijamente el tercer ojo del sujeto, le obliga a abrir y cerrar de forma monótona sus párpados, hasta que los cierra del todo.

Nos limitaremos a describir con detalle el método del punto 4.

El bloqueo ocular se puede llevar a cabo después de la atadura de las manos, o después del bloqueo sobre la silla; pero hay que tener en cuenta que —al ser pocos los músculos implicados en el bloqueo ocular— éste resulta más fácil que cualquier otro bloqueo. Además, después del bloqueo ocular se hace cada vez más sencillo realizar bloqueos más complejos.

Por lo tanto, cuando el individuo esté oportunamente preparado por las pruebas que ya hemos dicho, le haremos sentarse cómodamente en una butaca, como para la atadura de las manos, que, si queremos, podemos incluso evitar.

(Por supuesto, antes de empezar con la sugestión verbal, el operador se habrá ocupado de la sugestión del ambiente: las luces difusas, la atmósfera tranquila, la ausencia de tabaco, la temperatura confortable).

Ahora tenemos que mirar *fijamente* al sujeto en el tercer ojo, obligándole a «mirarnos», y tenemos que empezar la acción con órdenes rítmicas que acompañen, que conduzcan incluso el movimiento de los párpados:

— «Cierra los ojos... abre los ojos...
... cierra los ojos... abre los ojos...
... continúa con este ritmo...»

Mientras el sujeto ejecuta nuestra orden, tenemos que continuar con una sugestión cada vez mayor:

— «... tus párpados se están haciendo cada vez más pesados...
... tus párpados se están haciendo cada vez más pesados...
... cuanto más intentas levantar tus párpados...
... más te pesan...
... los párpados te están pesando más... cada vez más...
... tú ya *no consigues* levantar los párpados porque son muy pesados, muy pesados...

... tú ya *no quieres* levantar tus párpados...
... podrás hacerlo sólo cuando yo te lo diga...

Obviamente, la duración, la intensidad y la forma de la sugestión verbal variarán en función de la sensibilidad del sujeto.

Se trata, repetimos, de un ejercicio muy sencillo; nuestras observaciones, por consiguiente, se limitarán a pocos fenómenos, pero todos ellos muy significativos.

En cuanto al ejemplo de sugestión verbal, notaremos enseguida que las primeras fases son de contenido positivo, mientras que la fase culminante de nuestra acción contendrá una imposición negativa: «... no puedes... ...no quieres...», precisamene para que podamos hacernos con la voluntad del sujeto.

Del comportamiento del propio individuo sacaremos luego las siguientes indicaciones y valoraciones:

1) El progresivo *aumento de las pausas* entre el instante del cierre de los ojos y el instante en que los párpados vuelven a levantarse.
2) Si la *pupila se sigue dilatando* (síntoma de que el sujeto está deslizando hacia el sueño hipnoidal).
3) Si la *pupila tiende a «huir» hacia arriba:* eso indica que el sujeto tiene predisposición por la hipnosis y, si tiene las pupilas volcadas hacia atrás, quiere decir que ya está dormido.

Hay que tener en cuenta, no obstante, que el bloqueo ocular deja al sujeto toda su conciencia, salvo raras excepciones.

Una vez conseguido el bloqueo, el operador decidirá si hay que seguir ahondando en el sueño; si hay que seguir tanteando las posibilidades del sujeto, añadiendo otra imposición negativa; o si hay que despertarle enseguida.

En los capítulos siguientes vamos a exponer algunas técnicas para la profundización del sueño.

Insensibilización del brazo tras el bloqueo ocular

Con el «bloqueo ocular» hemos llegado al *sueño hipnoidal,* que es la primera fase del sueño hipnótico.

En esta fase el sujeto es plenamente consciente.

Una vez alcanzado el nivel de «sueño hipnoidal», se puede fácilmente proceder al bloqueo de otras partes del cuerpo, hasta bloquearlo todo (salvo la lengua).

Para tantear el grado de sugestión alcanzado por el sujeto, trataremos de hacerle levantar un brazo.

Si el movimiento se produce con lentitud, significa que ha alcanzado un buen grado de sugestión.

Por lo tanto, se podrá llegar a la insensibilización de la mano; al «bloqueo del brazo», a la ralentización o aceleración del pulso; se podrán suscitar corazones secundarios, enfriar o recalentar partes del cuerpo de la persona, etc.

Respecto al enfriamiento y calentamiento de partes del cuerpo del sujeto, el operador se imaginará, como siempre, el hilo de color (azul o rojo, según los casos).

Durante el sueño hipnoidal se pueden conseguir también resultados positivos de experimentos telepáticos.

Respecto al «bloqueo del brazo», podremos realizar la siguiente sugestión:

— «Tus ojos están perfectamente cerrados, perfectamente cerrados...

... ahora levanta tu brazo derecho...

... extiéndelo bien... cierra el puño...

... tu brazo derecho se está insensibilizando por momentos, empezando por el hombro...

... se está insensibilizando aún más... cada vez más... cada vez más...

... ahora voy a contar hasta 7, y, a cada número, aumentará la insensibilidad de tu brazo.

Cuando diga 7, podrás abrir los ojos: te sentirás muy bien, pero no podrás doblar tu brazo derecho...

Sólo podrás hacerlo cuando yo dé palmadas...»

Despertar del sujeto

Si se desea pasar enseguida al despertar, habrá que esperar al menos un minuto, y después se dirá simplemente:

...«Ahora voy a contar hasta 5: a cada número, tu sueño se hará cada vez más ligero...

... cuando diga 5, abrirás los ojos y te sentirás muy bien...

... estarás perfectamente descansado, calmado, sereno y en perfecto equilibrio con la naturaleza...»

A continuación, se empieza la cuenta como siempre.

NOTAS:

— Durante las sugestiones del «bloqueo ocular» y para el correspondiente despertar, *no conviene utilizar palabras* como *sueño, despertar;* es mejor hablar de: «relajación, distensión, etc.».

El sujeto podría primero sorprenderse, y posteriormente irritarse, al descubrir que se ha dormido, temiendo haber perdido el conocimiento.

Esta situación podría ser contraproducente por muchas razones.

— Muchas veces conviene *atraer en un principio la atención* del sujeto con la frase: «Tú estás siguiendo mis palabras y estás escuchando perfectamente lo que te digo.»

Eso evita que, sobre todo durante las pruebas, la persona se distraiga, piense en otras cosas y por consiguiente no preste atención a lo que el operador va diciendo, poniendo así en peligro el resultado de los experimentos.

— Hay que tener en cuenta que *cuando una prueba no sale* hace falta dejar un intervalo de 30 segundos a 1 minuto, antes de repetir el experimento.

Pero hay que repetirlo antes de que pase un cuarto de hora, de lo contrario el fracaso de la prueba se grabará en el inconsciente del sujeto, poniendo en peligro el éxito de ulteriores pruebas.

Bloqueo en movimiento: experimentos con el bastón

Tras el «bloqueo ocular» o el «bloqueo en la silla» se puede llevar a cabo uno de los dos ejercicios siguientes:

1) Pedirle al individuo que coja el bastón y decirle:
   «Ahora ya no podrás dejarle caer...
   ... ya no puedes abrir la mano...
   ... ya no puedes dejarlo caer...
   ... yo te diré cuándo puedes.
   Ahora voy a contar hasta 7, y, cuando diga 7, tú no podrás soltar el bastón, etc.»
2) Se deja el bastón en el suelo, delante de la persona, a una distancia de dos metros.
   Anteriormente, habremos hecho el bloqueo de las piernas, de los brazos y de los ojos. A continuación, le diremos:
   «Ahora, mientras sigues durmiendo profundamente, abre tus ojos y ven hacia mí. No podrás superar el bastón; no puedes superarlo en absoluto, por mucho que te esfuerces. Cuando estés a la altura del bastón, no podrás superarlo.

Entrenamientos

Llevar a cabo sobre una persona la ya conocida secuencia de las caídas hacia atrás y hacia adelante, la atadura de las manos, el bloqueo en la silla, el bloqueo ocular, el bloqueo del brazo y el bloqueo en movimiento.

Tiempos que hay que respetar entre una prueba y otra para un mismo sujeto: ninguno.

Los niveles de sueño hipnótico

Dentro de poco entraremos de lleno en la hipnosis, y durante los experimentos vamos a afrontar cada vez situaciones y personajes distintos.

Por lo tanto, tenemos que esperar un poco más antes de continuar con nuestra acción, para asimilar otras nociones teóricas indispensables.

En la hipnosis tenemos principalmente cinco clases de sueños:

1) *El sueño hipnoidal.*

   El sueño hipnoidal es inducido con el bloqueo ocular. Se trata de un sueño ligero, una especie de somnolencia, en la que el sujeto es plenamente consciente; puede, por lo tanto, recordar cada una de las fases de nuestra acción.

2) *El sueño intermedio.*

   Esta fase se alcanza ahondando en el sueño hipnoidal mediante la sugestión.

   Durante el sueño intermedio se pueden curar pequeños males, como, por ejemplo, un hombro dolorido (teniendo en cuenta, sin embargo, que actuamos sobre el síntoma, y no sobre la causa); se puede acelerar la curación de heridas, fracturas, etc. Podemos, además, acelerar o ralentizar el latido del sujeto.

3) *El sueño cataléptico.*

   Es un sueño más profundo que el anterior, pero de ninguna utilidad.

   De hecho, en esta fase se consiguen unos efectos de insensibilización que sólo sirven para fines demostrativos.

   En este sueño cataléptico, el sujeto realiza un enorme esfuerzo físico, ya que las células que componen las fibras musculares tienen una cohesión máxima.

4) *El sueño poscataléptico.*

   Durante este sueño se pueden producir cosas como visiones, escritura automática, manifestaciones de mediumnidad en el sujeto.

Se puede conseguir también la posposición de los sentidos, como, por ejemplo, ver a través de los dedos o sentir los colores a través de las yemas de los dedos.

Este nivel de sueño es apto para deshacer las piedras, para conseguir la insensibilización y la soldadura de los huesos; para detener la caída del cabello y estimular su crecimiento; para mejorar la vista, etc.

5) *El sueño del quinto nivel.*

El sueño del quinto nivel es, obviamente, una fase más profunda que la anterior: es un umbral que permite desarrollar las facultades paranormales y las capacidades extrasensoriales en el sujeto. Se puede llegar así a: regresión de la memoria a estados anteriores en los que el sujeto revive instantes significativos; recuerdo de vidas anteriores; lectura de libros cerrados, etc.

Además de estos cinco, hay nada menos que quince niveles más de sueño hipnótico, pero no vamos a explicarlos aquí, ya que no nos interesan para los fines que nos hemos propuesto.

8.ª LECCIÓN

Algunas técnicas hipnóticas

Conforme el operador se adentre en el camino de la hipnosis, podrá hacerse con su propia técnica, que irá perfeccionando después.

Hablar de técnicas, por lo tanto, supondría decir demasiadas cosas, o demasiado pocas: por eso vamos a mencionar tan sólo algunos métodos, únicamente para orientarnos:

1) Sugestión verbal.
2) Pasos magnéticos.
3) Técnica mixta (sugestión verbal + pasos magnéticos).
4) Hipnosis telepática (que hay que distinguir de la sugestiva).
5) Hipnosis colectiva.
6) Hipnosis directa o por contacto.
7) Hipnosis durante el sueño de los sujetos.

La sugestión verbal

Para que la sugestión verbal pueda manifestarse con toda su potencia, es indispensable que esté dirigida hacia el terreno más fértil, *la imaginación del sujeto;* que las expresiones utilizadas sean las que están más cerca de su sensibilidad y de su nivel cultural.

Es decir, el operador tendrá que *explorar* el campo de los *deseos,* de las *aptitudes,* de las *esperanzas,* de las *tensiones,* de las *ocupaciones* y de las *diversiones* de cada sujeto, antes de lanzarse a una hipnosis profunda, porque sería imperdonable «perder» a un buen sujeto por no haber llegado a congeniar con él.

Por lo tanto, no me cansaré de repetir que en la sugestión verbal el operador tiene que utilizar su imaginación lo más posible.

Hay que tener en cuenta que la frase «imaginación al poder» no es una frase vacía, sino todo lo contrario: en una confrontación abierta, la imaginación ganará siempre a la razón, ya que a través de la fantasía se realiza el inconsciente.

Es muy importante que el operador no cometa errores durante la sugestión verbal, ya que en ese caso tendrá lugar en el sujeto la «formación de la inmunidad contra la hipnosis». Se trata de una reacción normal y lógica.

Preparación para ahondar en el sueño hipnoidal

Preguntaremos, por lo tanto, si el sujeto prefiere el mar, la montaña, o estar en un prado.

Averiguaremos si padece claustrofobia u otros miedos. Si tiene problemas con los ascensores, con los animales en general y en particular, incluidos los insectos.

Durante este sondeo −como, por otra parte, a lo largo de cualquier sesión hipnótica− es bueno tomar nota cuidadosamente de todo cuanto se consigue saber, porque todos esos datos nos ayudarán a formar el ambiente propicio para ahondar en la hipnosis del sujeto.

De ese modo se consigue, en efecto, una notable profundización del sueño, transportando el sujeto a un lugar que le permita tener momentos de mucha paz, un lugar en el que los sonidos, los colores, los aromas que le gustan, le esperan para conducirle hacia una sinfonía maravillosa: cuanto más se adentre en ella el sujeto, más intenso será su sueño.

Es muy importante sustituir la idea de estar sentado en la butaca, por la de hallarse en el lugar que a uno más le agrada.

Nuestra sugestión verbal será, por lo tanto, determinante; y será aún más eficaz si visualizamos la imagen de ese lugar y la transmitimos con todo detalle.

Es bueno recordar que la memoria de lo que el sujeto haya visualizado está en el plano de la realidad subjetiva y se convierte en un recuerdo real que dejará huella en el individuo.

Si hemos decidido conducir a un sujeto de ciudad a disfrutar de la quietud de una colina, le haremos sentir el nuevo aire que respira, soplándoselo, tibio, en el rostro; le haremos ver los colores que le rodean, haciéndole casi palpar el verde de los prados, el amarillo de las anémonas, el blanco jaspeado de mil tréboles enanos; le haremos vivir en las dimensiones del ambiente, para evitar que las imágenes se superpongan; esa familia de lárices, allí a la izquierda, que juega a ocultarle el sol; y después le haremos redescubrir, desplazando la «mirada» hacia la derecha, la naturalidad y el calor de un nido de pájaros.

Nuestro viaje, por lo tanto, tendrá que evocar sensaciones que estimulen la fantasía del sujeto: pero el cuadro se ha de pintar con armonía, dejando el pincel a la naturaleza.

Con otras personas podremos entrar en el alma de una melodía; o entregar el sujeto al leve balanceo de una hamaca suspendida en un claustro de abedules; etc.

Que cada operador busque las imágenes más eficaces, teniendo en cuenta que, por lo general, el sentido que se excita con más facilidad es el *olfato**.

Por eso, conviene empezar «evocando» los aromas del lugar (procurando, sin embargo, no llevar a personas alérgicas a sitios llenos de polen...); y continuar después con sensaciones táctiles y au-

---

* No hay que olvidar que nuestro cuerpo puede fabricar cualquier sustancia que necesite y cualquier otra sustancia que exista en el planeta. Por lo tanto, en la sugestión verbal, hay que prestar mucha atención a lo que se dice, porque el inconsciente es «tonto» y lo toma todo al pie de la letra. En efecto, si el sujeto padece alguna alergia, repulsión o fobia, podemos desencadenar en él, sin querer, unos mecanismos de consecuencias imprevisibles.

ditivas, por este orden, dejando para el final la vista, para que recoja la panorámica más amplia.

El rostro del sujeto se encargará de decirnos si la *proyección* en el lugar o en la sensación propuesta por nosotros ha sido aceptada y vivida en plenitud.

Por lo tanto, procuraremos seguir con atención el menor cambio de expresión que se produzca, dispuestos a corregir nuestra actuación en cuanto advirtamos signos de rechazo.

Habrá signos positivos explícitos, por ejemplo, cuando el sujeto asienta con la cabeza.

Habrá sujetos con quienes podamos iniciar un verdadero diálogo, pero sólo si tenemos la sensación clara de que el sueño es ya lo bastante profundo: de lo contrario, correremos el riesgo de poner en peligro toda nuestra anterior actuación.

Modalidades para ahondar en el sueño hipnoidal

La visualización del prado

Tras el «bloqueo ocular» se procede a la *cuenta de ajuste:*

— Ahora voy a contar hasta 20: tú te dormirás, y a cada número tu sueño se irá haciendo cada vez más profundo. Cuando diga 20, estarás profundamente dormido.
Se empieza la cuenta.
Aquí tiene lugar la verdadera *profundización*.

Podemos conseguir una profundización del sueño refiriéndonos a imágenes de objetos que repitan movimientos adecuados.

Podemos proponer, por ejemplo, *visualizar un ascensor* pequeño, pero cómodo, caliente, acogedor (evocación inconsciente de la matriz), que va bajando lentamente: en efecto, cuando una persona se duerme, podemos percibir en ella algo parecido a un descenso.

Obviamente, no vamos a recurrir al ascensor con sujetos que padecen claustrofobia.

Si se trata de individuos que temen la soledad, podremos remediarlo acompañándolos nosotros mismos*.

Describiremos el ascensor, insistiendo en su seguridad: y el descenso, como ya hemos dicho, será lento, pero no demasiado largo (no tiene que pasar de los tres minutos).

Haremos que la persona entre con calma, apretaremos el botón y continuaremos de la siguiente manera:

— «Ahora, el ascensor empieza a descender...
... cuanto más desciende, más te duermes...
... tu sueño es cada vez más profundo... cada vez más profundo...
... el ascensor sigue descendiendo, lentamente, y te acompaña en un sueño aún más profundo... aún más profundo...
... ahora, el ascensor está a punto de llegar a su destino, y tu sueño se hace muy profundo... muy profundo...
En cuanto el ascensor se detenga, tú estarás inmerso en un sueño cada vez más profundo...
Ya está... el ascensor se ha parado... la puerta se está abriendo... ya puedes salir...»

Se puede eventualmente crear una acción coordinada, visualizando el ascensor en una bonita casa de campo, e imaginando que al final del descenso se puede acceder directamente a un prado a la inglesa...

Una advertencia importante:
La duración de las sugestiones verbales —repetimos— no debe superar los tres minutos.

Si utilizamos más tiempo, no por eso aumentamos la intensidad del sueño, y además corremos el riesgo de anular parcialmente los efectos ya alcanzados.

---

* No conviene acompañar a un sujeto del sexo opuesto al ascensor o al prado, ya que el inconsciente puede jugar malas pasadas: el sujeto podría oponer una resistencia indeseada, o podrían producirse situaciones sospechosas o, cuando menos, molestas.

Vamos a visualizar ahora el prado, para poner un ejemplo: «Ahora nos encontramos en un prado...

Describir el ambiente, con sus aromas y colores: el perfume de la hierba recién cortada; una leve y tibia brisa primaveral...

> — *«Tú no tienes problemas de tiempo,* no tienes ninguna preocupación, tu mente está en blanco, estás perfectamente en calma y tranquilo, te sientes estupendamente bien.
> En el aire tibio, movido por una leve brisa, hay un aroma muy agradable de hierba recién cortada.
> A lo lejos se oye el sonido claro de un arroyo que corre.
> Te sientas y respiras este aire balsámico a pleno pulmón, y de ese modo vuelves a cargarte de energía vital, de prana.
> Todo es paz y bienestar:... a tu alrededor... y dentro de ti...»

Con la sugestión verbal, el sujeto va a entrar cada vez más en contacto telepático con el operador, y va a anticipar incluso la descripción del ambiente.

La descripción del hipnotizador hará que las imágenes suscitadas estimulen la fantasía de modo que sea el propio sujeto quien ayude al operador a construir el ambiente.

Por lo tanto, en cuanto el hipnotizador observe en el rostro del sujeto los suficientes signos de relajación, buscará una señal de respuesta por parte del propio sujeto, preguntándole, por ejemplo: «¿Qué ves a tu izquierda? ¿Ves la hierba del césped? ¿Y el azul limpio del cielo?...»

Procure que el sujeto no describa otras escenas, ya que tiene que ser el hipnotizador quien guíe al sujeto, y no viceversa.

Eventualmente se pueden poner otros individuos en el prado, pero tampoco hay que llenarlo, de lo contrario ¡adiós paz, tranquilidad y relajación!

Evite introducir en el ambiente elementos que molesten al sujeto, que le perturben o le angustien.

Por lo tanto, de nuestro análisis previo, referente a los gustos o repulsiones del sujeto, deduciremos si tenemos que evitar los insectos, y cuáles en particular, u otras cosas perturbadoras.

El operador animará a la persona, con oportunas sugestiones, a describir mejor el ambiente, y a anticipar lo que él mismo está a punto de decir.

— «Hay una persona que se está acercando. ¿Consigues distinguirla? Descríbela. ¿La conoces? ¿Quién es?»

Si durante la profundización emergieran imágenes o situaciones inconvenientes, añadir, sin perder la calma:

— «Bien, ahora voy a contar hasta 20, y, a cada número, tú vas a estar cada vez más despierto. Cuando diga 20, levantarás tus párpados y estarás completamente despierto. Te sentirás magníficamente bien, perfectamente descansado, renovado y en armonía con la naturaleza.»

O bien:

— «Ahora vas a dormirte. Contaré hasta 20, etc...»

Algunas aclaraciones necesarias sobre la «visualización del prado»

El experimento de la «visualización del prado» es preferible llevarlo a cabo al final de la jornada: el sujeto está más cansado y recibe mejor las imágenes que el operador le transmite telepáticamente.

La hipnosis se puede realizar también por la mañana o por la tarde, con una iluminación suave y reducida.

Pero, repito, el mejor momento es al atardecer, porque el sujeto está ya físicamente más cerca del sueño, y empiezan a ponerse en marcha en él esas partes del cerebro que funcionan luego por la noche, durante el sueño natural.

Si tuviéramos que repetir, en sucesivas sesiones, la «visualización del prado» con el mismo sujeto, podremos decirle que se encuentra en el mismo prado que la otra vez.

Durante este experimento hay que tener en cuenta que de ningún modo habrá que dar sugestiones de demasiado calor o demasiado frío, o sensaciones que pudieran resultar traumáticas para el sujeto.

¡Puede ocurrir, por ejemplo, que —durante la visualización— si hacemos que un sujeto salga de un restaurante en la sierra, en pleno invierno, inmediatamente después de comer, poco abrigado, éste coja una verdadera congestión!

Recuerde que, cuanto más numerosas y vivas sean las sensaciones que le hace experimentar al sujeto, más profundo será su sueño hipnótico.

Si hay lugares en los que el operador y el sujeto tienen recuerdos comunes, es bueno aprovecharlos para facilitar la visualización, y, por lo tanto, la profundización del sueño.

Con estas visualizaciones, el individuo puede descargar las tensiones que ha ido acumulando durante la semana: se trata de un método excelente para *curar el estrés*.

Cuando el sujeto despierte, hay que esperar unos minutos antes de interrogarle. Después de un cuarto de hora aproximadamente, podremos preguntarle cómo se siente y qué es lo que recuerda de su visualización.

Podemos hacer que la persona recuerde espontáneamente las cosas que ha visto.

Sin embargo, existe el peligro de que haya visto también cosas desagradables.

En ese caso: o bien suscitamos el recuerdo unos días después —para que el inconsciente pueda preparar las defensas necesarias respecto a la conciencia, que podría quedar traumatizada por el recuerdo— o bien evitamos que el sujeto recuerde.

Obviamente, para que la persona no recuerde, durante la hipnosis hay que decirle que cuando despierte no recordará ninguna cosa desagradable.

En efecto, si el individuo ha tenido visualizaciones agradables, éstas no le dejarán ninguna huella; mientras que, si las visualizaciones han sido desagradables, se grabarán en el inconsciente creando depresión y tensión a nivel consciente.

No hay que olvidar que, aunque una cosa no se recuerde, no queda en el olvido, ya que todo —lo sabemos muy bien— se graba en el inconsciente.

Hay sujetos que tienen tendencia a ver en el «prado» algún difunto a quien querían.

Esto puede ser útil para eliminar ciertos traumas que pudieran haber existido con esa persona cuando aún vivía.

Al despertar, el sujeto pregunta a veces si lo que ha visto y le parece haber vivido es fantasía. Pues bien, no es fantasía, porque todo cuanto uno se imagina en estado hipnótico pertenece a la realidad subjetiva de la persona hipnotizada.

Durante estas visualizaciones, puede ocurrir que el sujeto se sienta atraído físicamente hacia el operador, o que proyecte contra él sus propias tensiones internas: se trata del clásico *transfert*.

En ese caso, tenemos que acelerar el proceso y, sin que se nos note ningún signo de temor o desconcierto, hay que empezar con calma a despertar al sujeto.

Algunas explicaciones sobre:

— Adormecimiento.
— Profundización del sueño.
— Aumento de la hipnosis.
— Simulación de trance.

Adormecimiento y profundización del sueño hipnótico

La sugestión, como hemos visto, es el fenómeno por el cual una idea o un sentimiento se imponen dentro de nosotros a causa de una acción repetida por una fuerza externa irresistible.

Para hipnotizar a una persona, además de hacer uso del lenguaje, hay que entrar en sintonía con su modo de pensar.

Hay que hablar, a ser posible, y expresarse como la otra persona.

Tenemos que hablar con la mímica; incluso en dialecto, con tal de que lo conozcamos a fondo. El dialecto, en efecto, es más rico y antiguo que el idioma oficial, y, por lo tanto, es más sugestivo.

Para que el sueño del sujeto sea más profundo, conviene decirle: «Ahora voy a dejarte dormir un par de minutos. Mientras tanto, cada segundo que pase, tu sueño se irá haciendo cada vez más profundo.»

Mientras que para conseguir el sueño hipnoidal recurrimos al «bloqueo ocular», para llegar al sueño medio hay que conseguir que «un objeto se haga pesado», cosa de la que vamos a hablar en uno de los siguientes capítulos.

Aumento de la hipnosis

Se ha constatado un aumento psicológico real de la hipnosis en el sujeto en los siguientes casos:

1) Si hipnotizamos a un sujeto y le hacemos asistir a la inducción hipnótica de otras personas, constataremos un aumento del 30-35 %.
2) Si hipnotizamos a un sujeto en presencia de una «máquina de la hipnosis», constataremos un aumento del 26-27 %.

En el primer caso, la hipnosis del sujeto aumenta hasta la presencia de tres personas en hipnosis. Aquí se estabiliza, para bajar después rápidamente en cuanto el número de personas en estado de trance aumenta.

En el segundo caso, en el que se trata de hipnotizar a un sujeto en presencia de una «máquina para la hipnosis», se produce la situación que vamos a describir a continuación.

Si decimos, o, mejor aún, presentamos al sujeto una máquina (que podría ser incluso una caja medio vacía), que tiene el «poder de hipnotizar», el sujeto estará más predispuesto a ser hipnotizado, y nosotros también estaremos psicológicamente influenciados, y de ese modo conseguiremos operar mucho mejor en esa persona.

Como ya se ha dicho, la «máquina para hipnotizar» no tiene un valor «mecánico»; es algo que, o bien en el plano visual o bien en el auditivo, ejerce una presión psicológica tanto sobre el sujeto como sobre el operador.

Simulación de trance

Un individuo puede simular el trance en perfecta buena fe.
En este caso no hay ninguna diferencia entre el trance normal y el simulado.

La única manera que tiene el operador de averiguar verdaderamente si hay simulación o no, es la de someter al sujeto a la prueba del... ¡aguijón!

Si el sujeto siente el dolor producido por el aguijón, es obvio que hay simulación.

La prueba que acabamos de mencionar es sin duda más inmediata y decisiva que la de averiguar si el sujeto tiene la pupila vuelta hacia arriba, o si pierde el equilibrio, pruebas que, por otra parte, también son válidas para averiguar si hay adormecimiento.

Experimentos

De ahora en adelante podremos operar también sobre nuestros familiares con todos los tipos de bloqueo que hemos estudiado hasta ahora. Repetimos que está prohibido operar sobre niños por debajo de los 7 años.

NOTA:

Precaución: En particular, cuando el operador es varón y el sujeto es mujer, conviene siempre que haya otra persona presente en las sesiones hipnóticas, en calidad de ayudante-testigo.

Esto se debe a que durante una hipnosis conducida por un hombre sobre una mujer, ésta podría tener miedo, aunque sea a nivel inconsciente, de ser violada, o cuando menos de ser objeto de algún abuso, lo cual la haría estar muy tensa durante los experimentos.

DOBLE GRÁFICO SOBRE EL INCREMENTO DE RESULTADOS POSITIVOS SI UN SUJETO HIPNOTIZADO ESTÁ PRESENCIANDO LA HIPNOTIZACIÓN DE OTRO SUJETO

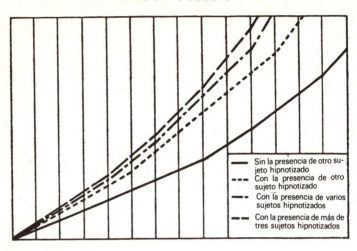

GRÁFICO SOBRE EL AUMENTO DE RESULTADOS CON LA PRESENCIA DE MÁQUINAS PARA HIPNOTIZAR

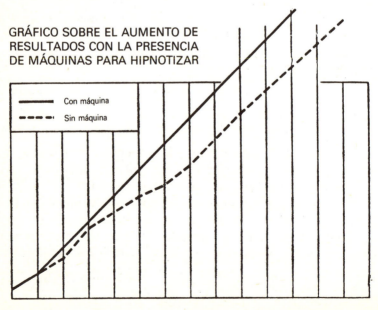

9.ª LECCIÓN

Hipnosis inducida con la técnica de los «pasos magnéticos»

Para comprender de qué manera actúan los pasos magnéticos sobre un sujeto, hay que partir de algunas premisas necesarias.

Todo cuerpo viviente posee un aura, que, al igual que una cáscara, reviste su cuerpo físico a distintos niveles, separada del propio cuerpo, y presenta diferentes colores, según el estado psicofísico en el que se encuentra la persona.

Hay varias auras alrededor del cuerpo, como muchos vestidos superpuestos, como las capas de una cebolla.

Cada aura tiene sus características peculiares y sus propias funciones específicas.

Características del aura para la hipnosis magnética

El aura que nos interesa para la hipnosis magnética es la que rodea el cuerpo a 7-10 centímetros de distancia, y que hay que visualizar durante los pasos magnéticos que vamos a hacer.

El aura hace de «escafandra». Su principal función es la de mantener una especie de igualdad de presión entre lo de fuera y lo de dentro: la de favorecer, en definitiva, ese estado de equilibrio que es indispensable para una vida racional.

Cuando sobre el envoltorio se acumula una carga excesiva de

escorias, o cuando su consistencia se debilita, se determina un estado de desequilibrio, y por lo tanto una alteración psicofísica.

Cómo limpiar el aura

El sueño natural y la práctica de la respiración correcta permiten reducir la acumulación de escorias.

Pero existe un tipo de limpieza más profunda, más completa, más eficaz y más inmediata.

Es la limpieza que se lleva a cabo mediante los pasos magnéticos.

La técnica de los pasos magnéticos

Con la técnica de los pasos magnéticos se puede inducir en el sujeto el sueño hipnótico: se trata de una técnica muy indicada para los experimentos telepáticos.

Después de mandarle hacer al sujeto, como siempre, la respiración lenta y profunda, la relajación del brazo sobre el índice, y las caídas (que son indispensables para «tranquilizar» el aura, para suavizar las aristas que sobresalen del envoltorio), se procede del modo que vamos a indicar a continuación.

Para llevar a cabo los pasos magnéticos, el sujeto puede estar de pie, sentado o tumbado.

Si la persona está *sentada,* el operador, al realizar los pasos magnéticos, tendrá que seguir con ambas manos la silueta de la persona, incluyendo la silla o butaca en la que está sentada.

Si el sujeto está *tumbado,* el operador –para la operación que tendría que llevar a cabo sobre la parte delantera y sobre la espalda de la persona– mantendrá un brazo abandonado a lo largo del lateral de su propio cuerpo, con la mano abierta hacia el suelo, y con la otra realizará el paso magnético sobre la parte delantera del sujeto.

Para calmar, relajar, adormecer, o *para producir el estado de sueño,* se llevarán a cabo los *pasos* magnéticos *de arriba abajo.*

Para excitar y *despertar*, se llevarán a cabo los *pasos* magnéticos en sentido contrario: *de abajo arriba*.

Modalidades para la realización de los «pasos magnéticos»

Suponiendo que el sujeto esté de pie, el operador se pondrá detrás de él, ordenándole que cierre los ojos y respire honda y lentamente.

Al mismo tiempo el hipnotizador sincronizará su propia respiración con la del sujeto.

Para sintonizarse mejor, el operador «apoyará» sus *manos sobre el envoltorio* del aura que cubre la cabeza del sujeto (7-10 centímetros por encima de la cabeza), a la vez que *visualizará el aura y el color azul*.

Unos instantes después, el hipnotizador hará bajar las manos al sujeto, *lentamente a lo largo de sus caderas*, hasta el suelo.

Al llegar al suelo, es *indispensable descargar* doblando los dedos de nuestras manos hacia la palma, empezando por el meñique, y continuando con los demás dedos, dejando fuera sólo el pulgar que apunta hacia el suelo.

Al mismo tiempo, el operador *pensará* que desde su pulgar se *descarga hacia el suelo* este tipo de corriente del aura modificada.

A continuación, el hipnotizador, una vez hecha la operación a lo largo de los laterales del sujeto, se pondrá a su lado y llevará a cabo el mismo proceso *sobre su parte delantera y su espalda*.

El operador continuará así con *operaciones alternas* hasta el adormecimiento del sujeto, que empezará a perder el equilibrio. La pérdida del equilibrio es, en efecto, un signo indudable del adormecimiento de la persona.

Ahora, el hipnotizador acompañará el sujeto *muy lentamente* hasta el asiento*.

---

* El sujeto tendrá que ser acompañado muy lentamente, mientras le hacemos sentarse, ya que el aura en este estado sigue con cierto «retraso» los movimientos del cuerpo, y esto puede producir desarreglos.

Otra variante para el adormecimiento con los «pasos magnéticos»

El sujeto está sentado en una butaca, con los ojos cerrados, y respira lenta y profundamente.

El operador se pondrá detrás del sujeto, colocará las manos encima de su cabeza, a una distancia de 7-10 centímetros por encima, y las bajará hasta la columna.

Una vez aquí, con un radio amplio se llevarán a la posición inicial*.

Este procedimiento lo repetiremos hasta que observemos en el individuo una respiración propia del sueño y veamos que reclina ligeramente la cabeza.

Al realizar esta técnica, conviene tener en cuenta que un punto muy sensible al magnetismo es el hoyo que tenemos detrás del hueso que hay tras de las orejas.

Por lo tanto, a partir de este punto, podemos ir desplazando las operaciones de las manos hacia adelante, hasta alcanzar el rostro del sujeto. Para despertarle, haremos los pasos magnéticos en sentido contrario.

Modalidades para despertar al sujeto de su sueño magnético

Para despertar al sujeto, el operador empezará con las manos cerradas en puño desde el suelo, y, abriéndolas, las llevará *lentamente* hacia arriba, hasta por encima de la cabeza del sujeto.

En este caso, para descargarlas, basta con retraer hacia la palma todos los dedos, excepto los pulgares, que se sacudirán enérgicamente hacia el suelo.

El hipnotizador hará las operaciones muy lentamente: primero sobre los laterales, después sobre la parte delantera y la parte de atrás de la persona, alternativamente, y será más contundente si al mismo tiempo *visualiza el color rojo*.

---

* Antes de llevar las manos a la posición inicial, no hay que olvidar «descargarlas».

Mientras tanto, el operador respira profunda y lentamente, manteniéndose a ser posible en sincronía con *la respiración del sujeto*.

Otro sistema para despertar del sueño magnético es el de poner una mano detrás de la nuca del sujeto durante unos quince segundos.

Conviene recordar que, si al soplar aliento cálido en la frente del mismo se provoca su adormecimiento, al soplarle aliento frío, siempre en la frente, se provoca su despertar.

Aunque, después de cada operación, el operador se haya preocupado de expulsar las escorias con el característico movimiento de los dedos, será mejor que perfeccione la limpieza *descargándose bajo el agua corriente* durante tres o cuatro minutos.

Técnica «mixta» para inducir el sueño magnético

Consiste simplemente en combinar la sugestión verbal con los pasos magnéticos.

Es la técnica que se utiliza con mayor frecuencia, ya que permite una acción más variada, capaz de estimular en el operador una mayor confianza en sí mismo, sobre todo cuando está realizando los primeros experimentos.

Técnica de la hipnosis «telepática»

Con esta técnica, el operador inducirá el sueño hipnótico en el sujeto a distancia, transmitiéndole las distintas órdenes directamente con el pensamiento.

Se trata de una técnica «refinada» que (excepto obviamente en los casos que requieren una intervención urgente) no hay que utilizar sobre un sujeto a quien se hipnotiza por primera vez.

Antes bien, deberemos respetar las normas siguientes.

Normas que hay que tener en cuanta en la hipnosis telepática:

— No hay que utilizar la técnica telepática en personas que se

someten a las pruebas por primera vez, como ya hemos dicho.
— Antes de aplicar esta técnica, hay que conocer bastante bien al sujeto.
— Antes de recurrir a esta técnica telepática, es preciso informar previamente al mismo sobre este experimento concreto al que se le quiere someter.
— No hay que aplicar dicha técnica antes de haber ahondado al menos una vez el sueño hipnoidal en el sujeto con la técnica de la «visualización del prado».

Por el momento, nos limitaremos, por lo tanto, a valorarla como técnica alternativa, dejando para otro capítulo la tarea de ahondar en ella y facilitar detalles de la misma.

El operador podrá mientras tanto prepararse, transmitiendo con su pensamiento breves sugestiones y órdenes, hasta conducir, por ejemplo, la levitación del brazo, exclusivamente con una orden mental.

Modalidades para la técnica telepática:

— Mientras el sujeto, con los ojos cerrados, respira profunda y lentamente, el operador posará sus manos sobre el envoltorio del aura.
A continuación, llevando sus manos hacia los laterales del sujeto (a 7-10 centímetros del cuerpo), visualizará el azul y ejercerá presiones con las manos sobre el aura de la persona, desplazándola hacia adelante, hacia atrás, hacia la derecha o hacia la izquierda, en un movimiento también en espiral.
— Otro modo de actuar telepáticamente es el que el operador aplica al impartir mentalmente al sujeto a distancia la orden de caída, y contando, mientras visualiza el azul.
En este caso habrá un ayudante que sostendrá al sujeto en su caída.

En un primer tiempo el hipnotizador actuará telepáticamente en la misma habitación en la que está el sujeto, y en experimentos sucesivos actuará fuera de la misma, pero advirtiendo siempre previamente sobre el tipo de experimento al que se le quiere someter.

Teoría de la hipnosis «directa» o por contacto

Hay operadores que están en condiciones de inducir el estado hipnótico simplemente «entrando» en los sujetos.

Justo el tiempo necesario para llevar a cabo una breve operación de las manos sobre los ojos de la persona, y ya está.

Otros le piden al sujeto que se relaje, establecen un contacto con él tomándole una mano, le invitan a no oponer resistencia, a entregarse, y en poco tiempo la persona cae en el sueño hipnótico, porque el operador le ha transmitido el deseo de dormir.

Técnica de la hipnosis «colectiva»

Hemos aludido ya al «aumento de la hipnosis» en la página 102 con el correspondiente gráfico en la página 104; pero aquí volvemos a ello, con algunas concreciones, puesto que éste es el orden en el que aparece entre las distintas técnicas hipnóticas.

Podemos conseguir un incremento de resultados positivos si, durante una nueva hipnosis, está presente un sujeto hipnotizado.

Este mayor rendimiento ha sido calculado en un porcentaje del 30 %.

Diremos simplemente al sujeto ya en estado de hipnosis:

— «Ahora tú, mentalmente, me vas a ayudar a hipnotizar a X.»

El porcentaje de mayor rendimiento podrá subir aún más, aunque sea poco, con dos sujetos hipnotizados; a partir del tercero, notaremos en cambio la tendencia opuesta.

Técnica para hipnotizar a un sujeto «durante el sueño natural»

Se trata de una técnica que hay que plicar en casos concretos, por ejemplo para hipnotizar a los niños o a los adultos enfermos.

Hipnosis durante el sueño natural de los niños

Hemos dicho ya que conviene evitar hipnotizar a niños menores de 7 años.

Si queremos actuar durante el sueño natural, podremos por lo tanto ocuparnos de niños que hayan cumplido por lo menos los 5 años.

En cualquier caso, se confirman todas las dudas ya expresadas, por lo tanto, sólo aceptaremos intervenir si lo consideramos indispensable, sin ceder ante argumentos que no tienen ninguna justificación, o, peor aún, están dictados únicamente por la curiosidad.

Hay que recordar, además, que *no se debe nunca estimular cambios de carácter:* la acción tendrá que limitarse, en definitiva, a apartar al niño de conductas preocupantes, y sólo después de que no hayan servido de nada otras advertencias más enérgicas... como, por ejemplo, darle al niño una azotaina.

¡Por lo tanto, no hay que utilizar *nunca* dicha técnica para bloquear la vitalidad de un niño!

Podremos, por ejemplo, ayudarle a tener un sueño tranquilo evitándole pesadillas que le aterroricen; o bien —en el caso de la enuresis nocturna— hacer que el niño se despierte a tiempo para ir al baño: ¡*jamás* operaremos para impedirle orinar!

Modalidades para la hipnosis durante el sueño de los niños

Puesto que la técnica hipnótica durante el sueño natural es parecida a un lavado de cerebro, hay que tener mucho cuidado, ser prudentes al usarla, y hay que estar seguros de lo que se dice y se hace.

Vamos a ver ahora cuál es la conducta a seguir, por ejemplo, con un niño que es excesivamente agresivo con su amiguito Pablo.

En primer lugar, nuestro lenguaje tendrá que adaptarse al mundo del niño; por lo tanto, le hablaremos, estando él dormido, con palabras sencillas, varias veces repetidas, descomponiendo la frase.

Nuestra línea de acción irá, además, de lo general a lo particular, empezando por ejemplo de la siguiente manera:

— «Tú quieres a Pablo...
... tú quieres a Pablo y por eso lo proteges...
... tú no pegarás más a Pablo...
... a partir de mañana no pegarás más a Pablo porque te daría vergüenza hacerlo...
... a partir de mañana no debes pegar más a Pablo...
Porque sólo los niños pequeños actúan así...»

Estas fórmulas se deben repetir varias veces, incluso durante muchas noches.

Penetrarán en el inconsciente del sujeto para subir luego a la conciencia.

Hay que preparar el discurso por escrito y —como repetimos— hay que sopesarlo bien para no provocar *a posteriori* perturbaciones emotivas en el sujeto.

Hipnosis durante el sueño natural de los adultos

Es bueno tener en cuenta que la aplicación de esta técnica es menos eficaz sobre una persona enferma que se tiene que tomar muchas pastillas.

Precisamente cuando se trata de personas enfermas, se han de dar *sugestiones para:*

— Aliviar el dolor, y
— Activar las defensas orgánicas.

Como, por ejemplo:

— «Ahora vas a potenciar tus defensas orgánicas y vas a estimularlas.
Todos los mecanismos de defensa, sean anticuerpos o enzimas u otra cosa, tú los harás funcionar perfectamente y al máximo, hasta que tu enfermedad desaparezca de la manera más rápida y perfecta.»

Cuando se trata de enfermedades que se deben a un exceso defensivo por parte del organismo, como en las *alergias* en general, el asma, el resfriado crónico, etc., se utiliza la misma fórmula pero modificándola en el sentido de *calmar las fuerzas defensivas*.

Nuestra acción se agarrará al primer inconsciente de la persona: éste la ampliará, la hará suya, trasladándola luego a la parte consciente.

Es inútil, por lo tanto, buscar «reacciones» a la fuerza en el rostro del durmiente: *cuanto más humilde sea nuestro amor, tanto más eficaz será nuestra ayuda.*

Será importante también fomentar el optimismo del enfermo: a un enfermo que está en un hospital, durante el sueño natural hay que darle, por lo tanto, sugestiones que estimulen sus defensas orgánicas, el convencimiento de que se está curando, de que se están despertando en él unos mecanismos que rápidamente le van a llevar a la curación total.

Hay que inspirarle la idea de que consigue respirar hondo; de que su sueño va a continuar con normalidad, hasta que se despierte totalmente descansado, relajado, consciente de que se encuentra mejor.

Cuando el sujeto se haya despertado, procuraremos ayudarle a tener la moral alta: ¿qué palabras hay que utilizar?

Realmente, en esta circunstancia no sabríamos qué palabras sugerir, ya que resultarían ofensivas para la sensibilidad del operador; que cada cual las busque en su interior, y si no las encuentra, es mejor que se calle y actúe únicamente sobre el aura.

Respecto a las técnicas, le recordamos además que —como hemos dicho antes – conseguiremos *hacer más profundo el sueño* de los sujetos si soplamos en su frente un aliento caliente.

Facilitaremos el *despertar* soplando, siempre en la frente, un aliento frío.

Una modalidad del tránsito del sueño natural al sueño hipnótico de un adulto

Cuando el sujeto se encuentra, obviamente, ya en la fase de sueño natural, hay que empezar a profundizarla, diciéndole que su sueño se hace cada vez más profundo, cada vez más profundo.

Repetir este concepto durante un rato largo.

A continuación, hay que decir: «Tú sólo oyes mi voz, nada más que mi voz...»

Se procede ahora a la «visualización del prado».

Hay que procurar que conteste asintiendo con la cabeza, o que incluso hable durante el sueño.

Después, hay que dar las sugestiones oportunas, dirigidas a aliviar el dolor y a activar las defensas del organismo.

Hay que tener en cuenta que éste es un procedimieno muy lento, pero extremadamente eficaz.

La levitación del brazo

Es un excelente método de *inducción hipnótica:* el brazo del sujeto se levanta, se dirige hacia su frente, la roza con la mano, y en ese instante abre la puerta del sueño.

Se detiene un poco, a continuación baja lentamente y le *conduce hacia un sueño cada vez más profundo.*

En este experimento puede servir de ayuda el «ruido blanco» que podemos fácilmente buscar sintonizando un aparato de televisión en un canal en el que no haya programas.

Será el operador quien elija la técnica que le haga sentirse más seguro, teniendo en cuenta el comportamiento de la persona en la fase preparatoria.

Vamos a actuar ahora con la sugestión verbal combinada con la magnética únicamente porque, siendo una técnica bastante lenta, nos permite observar despacio las distintas fases.

Puesto que la levitación del brazo requiere en general unas sesiones bastante largas, conviene disponer de una butaca cómoda, o cuando menos de una silla con posabrazos.

Ahora estamos frente a nuestro sujeto: tiene los ojos cerrados porque nuestra acción empieza *después del bloqueo ocular* (lo encontramos también con la cabeza apoyada en el respaldo, no llevará ropas que le «aprieten», y no deberá estar con las piernas cruzadas).

Además, vamos a profundizar su sueño contando hasta 20. Vamos a ponernos a su lado: elegiremos el lado derecho con los sujetos que suelen usar preferentemente su brazo derecho; el izquierdo con los zurdos.

Modalidades en la técnica para la «levitación del brazo»

En primer lugar, vamos a toquetearle el brazo, a continuación vamos a posar nuestra mano sobre la suya, indicando con este gesto el comienzo de nuestra acción, y confirmando que somos nosotros quienes «conducimos».

Ahora vamos a separar nuestra mano levantándola lentamente, y seguimos haciendo *pasos magnéticos,* empezando encima del hombro y terminando en las yemas de los dedos del brazo elegido.

Cuando lleguemos a los dedos, tenemos que juntar los de nuestras manos y «atraer» imaginariamente el aire hacia arriba.

Al mismo tiempo habremos comenzado una sugestión verbal que recoge en sí toda la secuencia del movimiento, más o menos como sigue:

> — «Ahora tu mano derecha, empezando por los dedos, se va a hacer cada vez más *ligera;* tu mano derecha se está haciendo más ligera por momentos, cada vez más ligera...
> Dentro de poco, tu mano derecha empezará a *levantarse...*
> En cuanto tu mano derecha *se levante,* tú te irás adormeciendo cada vez más...

Cuando *te toques* la frente con tu mano derecha, tu sueño se hará aún *más profundo*...»

Mientras empezamos a hacer los pasos magnéticos en el brazo «atrayendo» imaginariamente el flujo desde la mano del sujeto, seguiremos concentrando la sugestión sobre los detalles:

— «Tu mano derecha (izquierda) se va haciendo cada vez más ligera...
 ... Dentro de poco, tu mano y tu brazo derecho se levantarán y se acercarán a tu frente...
 ... En cuanto los dedos de tu mano derecha toquen tu frente, te quedarás profundamente dormido...».

Esta aparente repetición, con matices ligeramene distintos y más sintética, abrirá fácilmente el camino hacia el inconsciente del sujeto.

Respecto al «programa» que la persona tiene que memorizar, es oportuno... introducirlo inmediatamente: de hecho, conseguiremos un resultado mejor si acercamos nuestros labios al oído derecho del sujeto, casi posando en él nuestro mensaje. (¡Pero habrá que procurar que el inconsciente del sujeto no interprete de manera equivocada nuestro acercamiento, sobre todo si es una persona del sexo opuesto!)

Posteriormente, desplazaremos nuestra atención a la mano, continuando de la siguiente manera:

— «Empezando por los dedos, tu mano derecha se va haciendo cada vez más ligera... cada vez más ligera...
 ... tu mano derecha se está haciendo muy ligera por momentos... ligerísima...
 ... dentro de poco, tu mano derecha empezará a levantarse...
 ... en cuanto tu mano derecha se levante, te irás quedando cada vez más dormido...»

Es muy importante captar el momento en que la mano empieza a levantarse, ya que ese instante libera al sujeto de ansiedades latentes, le confirma que nuestra voz es su guía segura: de ese modo, él dejará penetrar, sin resistencia, la idea de adormecerse y después dormirse con intensidad creciente.

— «... Tu mano se está levantando... ligera... como una pluma... como una hoja seca llevada por el viento...
... y tú te adormeces aún más... aún más... hundiéndote en una nube suave, ligera, cándida...»

Seguiremos así, implicando en la acción a todo el brazo:

— «... Tu mano y tu brazo derecho se vuelven cada vez más ligeros... cada vez más ligeros...
... tu brazo se está haciendo aún más ligero y dentro de poco se levantará...
... en cuanto tu brazo derecho empiece a levantarse, tú te dormirás cada vez más...»

También en este caso es importante captar el instante en el que el brazo se levanta, como segundo e importante «paso» en la subida hacia la frente.

Si notáramos que la acción del brazo tiene alguna dificultad, hay que remediarlo diciendo:

— «... Lento, pero seguro, tu brazo derecho empieza a levantarse hacia tu frente...
No hay problema: cuanto más lenta sea la subida, más profundo será el sueño del sujeto.
Nos facilitará las cosas ayudarnos con los pasos magnéticos ya descritos, siempre a pocos centímetros del brazo, procurando no tocarlo: el contacto físico, en este momento, podría dificultar nuestra acción.
Ya hemos dicho que el sujeto, al tocarse la frente, abrirá la puerta del sueño.
Se trata, por lo tanto, de una etapa muy importante, que tenemos que anunciar oportunamente, y, llegados a este punto, podremos sustituir la expresión «te adormeces» por «te duermes».
(En efecto, es necesario acudir al primer verbo para graduar

la sugestión: hay sujetos que tienen *miedo del sueño* y, por lo tanto, tendremos que llevarles a ello con delicadeza).

— «Dentro de poco, tu mano derecha tocará tu frente... en cuanto tu mano derecha toque tu frente, te irás durmiendo cada vez más...»

Y en el momento del contacto:

— «... tu mano está tocando tu frente, y tú te duermes plácidamente...»

En este punto, antes de guiar el descenso del brazo, se podrá insistir en la *profundización del sueño,* aprovechando la técnica de la cuenta:

— «... Ahora voy a contar hasta 5... y, a cada número, tu sueño se hará aún más profundo, aún más profundo...
... 1... 2... 3... 4... 5: tú te estás durmiendo profundamente y sales beneficiado de esta situación...»

Volveremos ahora a poner nuestra atención en el brazo, aprovechando su descenso para intensificar nuestra acción:

— «... Ahora los dedos de tu mano se separan de la frente, y tu brazo... lentamente... empieza a descender...
... conforme tu brazo desciende, te vas durmiendo cada vez más... cada vez más...
... tu brazo vuelve a recuperar peso y sigue descendiendo lentamente... transportándote a un sueño aún más profundo... aún más profundo...
... en cuanto tu brazo haya terminado el descenso, tu sueño será muy profundo...»

Durante esta prueba, la circulación sufre una ralentización, y la sensibilidad y la temperatura del brazo disminuyen notablemente, al tiempo que se agudiza la sensibilidad de los dedos.

Si el operador se da cuenta de haber equivocado una frase, es importante que no se corrija inmediatamente, para que el sujeto no perciba su inseguridad y vacilación, comprometiendo así el éxito de la sesión.

Bastará con que el hipnotizador repita inmediatamente después, con el mismo tono, la frase correcta.

Cómo despertar al sujeto tras la «levitación del brazo»

Si en este momento queremos despertar a la persona, contaremos hasta 20, realizando al mismo tiempo pasos magnéticos sobre ella: partimos del suelo con el puño cerrado y lo abrimos recorriendo el sujeto hasta por encima de su cabeza.

No se nos olvide hacer pasos alternativos de abajo arriba.

Sonambulismo

El sonambulismo es ese estado hipnótico en el que el sujeto, mientras duerme, puede realizar determinados movimientos, como levantarse y caminar siguiendo la voz del operador.

Se trata de un sueño bastante profundo.

Después de la levitación del brazo, en vez de despertar al sujeto, continuaremos nuestra acción «sugiriendo las imágenes más cercanas a la sensibilidad de la persona, y podremos hacer que nuestra proyección sea aún más real ordenando al sujeto que dé unos pasos.

Por lo tanto, el operador se dirigirá a la persona con estas palabras:

— «Ahora voy a contar hasta 7, y, a cada número, tu sueño se hará cada vez más profundo... cada vez más profundo...
... cuando diga 7, te levantarás y darás unos pasos siguiendo el sonido de mi voz... podrás hacerlo fácilmente...
... cada paso te conducirá a un sueño profundo... profundo...»

Terminado la cuenta, diremos simplemente:

— «Levántate, lo puedes hacer fácilmente...»

Si al sujeto le cuesta trabajo levantarse, el operador le cogerá delicadamente por las muñecas y le atraerá hacia sí *lentamente*, para ayudarle a incorporarse.

Después, el hipnotizador continuará:

— «... muy bien... ahora camina siguiendo mi voz... y a cada paso, tu sueño se hará aún más profundo...»

Dado que el equilibrio del sujeto será inestable, seguiremos sus pasos de cerca, dispuestos a ayudarle, sobre todo para evitar que tropiece con los muebles.

Mientras tanto, mantendremos las palmas de nuestras manos abiertas a la altura de las caderas de la persona, a unos 7-10 centímetros, como si la guiásemos, como si tirásemos de su aura hacia nosotros, a la vez que retrocedemos.

Después, continuaremos diciendo:

— «Mi voz te guía segura, y a cada paso tu sueño se hace cada vez más profundo.
A cada paso sigues moviéndote con más facilidad y duermes cada vez más profundamente.
Mi voz te guía segura, y tú te sientes perfectamente a gusto y te encuentras magníficamente.
Tú te sientes *tranquilo y seguro*: mientras vas siguiendo mi voz, sigues durmiendo de manera cada vez más profunda.»

Si el sujeto pierde el equilibrio, le sostendremos y le daremos, como antes, sugestiones que le hagan sentirse seguro.

¡Ojalá en este momento no se le ocurra a nadie reírse, ni al operador ni a ninguno de los posibles asistentes!

Sería el colmo de la idiotez, porque podríamos perjudicar al sujeto.

¡Por lo tanto, hay que impedir por todos los medios que esto ocurra!

Finalmente, acompañaremos al sujeto a sentarse, siempre *lentamente*, en la misma silla o butaca, o en otra que esté en la habitación.

Despertar después del «sonambulismo», tras eventuales sugestiones positivas.

Para despertar al sujeto después del «sonambulismo», diremos lo siguiente:

— «Ahora voy a contar hasta 20, y, a cada número, tu sueño se hará cada vez más ligero.
Cuando diga 20, levantarás los párpados y estarás completamente despierto.
Te sentirás estupendamente. Recordarás con gusto esta experiencia. Te sentirás perfectamente descansado, muy relajado, calmo, sereno, tranquilo, lleno de alegría de vivir y en perfecto equilibrio con la naturaleza.»

En este momento, el operador puede añadir, antes de iniciar la cuenta del despertar, eventuales sugestiones positivas, dirigidas a potenciar las defensas orgánicas del sujeto, si su estado lo requiere.

En este caso diremos:

— «Ahora tú potencias tus defensas orgánicas y las estimulas. Cualquier mecanismo de defensa, sea anticuerpo o enzima u otra cosa, tú lo haces funcionar perfectamente y al máximo, para que tu enfermedad se cure de forma rápida y perfecta.»

Esta es una fórmula excelente para enfermedades como el resfriado, etc.

¡Por supuesto, no es idónea para individuos afectados por enfermedades alérgicas para las que habrá que modificar dicha fórmula, a fin de calmar las fuerzas defensivas, en lugar de estimularlas!

Luego, continuaremos con la cuenta de siempre, acordándonos al mismo tiempo de realizar pasos magnéticos alternados por ambos lados del sujeto, partiendo desde el suelo con los puños cerrados y abriéndolos mientras vamos llevando nuestras manos por encima de su cabeza.

Resumen de la «levitación del brazo» y del «sonambulismo»

— El sujeto está sentado con los ojos cerrados, ya que el hipnotizador ha cumplido ya la fase del «bloqueo ocular».
— Nos disponemos a llevar a cabo la «levitación del brazo», sobre el brazo que el sujeto suele utilizar más a menudo.
— Vamos a profundizar el sueño contando hasta 20.
— Vamos a toquetear el brazo del sujeto.
— Vamos a posar nuestra mano sobre la del sujeto, y a continuación vamos a despegarla lentamente.
— Continuamos ahora realizando pasos magnéticos desde el hombro hasta la mano, y en este momento «succionamos» imaginariamente el aire.
— Al mismo tiempo habremos dado comienzo a la sugestión verbal: «Ahora tu mano derecha, empezando por los dedos, se hace cada vez más *ligera,* tu mano derecha se hace más ligera por momentos, cada vez más ligera...
Dentro de poco tu mano derecha empezará a *levantarse*... En cuanto tu mano se *levante,* te irás durmiendo cada vez más...
Cuando tu mano derecha *toque* tu frente, tú dormirás profundamente...
— Seguirás realizando pasos magnéticos sobre el brazo «succionando» luego el flujo de la mano del sujeto.
— Cuando la mano se levanta: «Tu *mano y tu brazo* derecho se hacen cada vez más ligeros, ligeros como una pluma.»
— Si el brazo es lento en levantarse: «Lenta, pero segura, tu mano se levanta hacia la frente.»
— «Tu brazo está perfectamente *relajado.* Tu hombro también está perfectamente relajado y le permite al brazo levantarse con facilidad.
Tu mano está cada vez más *cerca* de tu frente... Tu mano está cada vez más cerca de tu frente...
Ahora tus dedos *tocan* tu frente... Tus dedos tocan tu frente y *duermes* profundamente.
Ahora voy a contar hasta 5, y, a cada número, tu sueño se hará cada vez más profundo.»

Se procede a la cuenta y se añade:
- «Bien, ahora estás profundamente dormido y te sientes estupendamente.
A continuación voy a contar hasta 5, y, mientras duermes cada vez más profundamente, tu brazo y tu mano *se harán pesados y volverán hacia* el brazo de la butaca.
Cuando diga 5, tu mano se posará en el brazo de la butaca y tú estarás aún más profundamente dormido.
Uno... tu mano se despega de la frente, dos... tu mano y tu brazo se hacen pesados, tres... bajan con facilidad hacia el brazo de la butaca, etc... Ahora tu brazo está tocando el brazo de la butaca y tú duermes profunda y plácidamente, y te encuentras magníficamente bien y en perfecto equilibrio con la naturaleza.»
- Si queremos despertar al sujeto, tenemos que contar hasta 20, realizando al mismo tiempo pasos magnéticos de abajo arriba.
- Si, en cambio, queremos continuar con el «sonambulismo», sin despertar al sujeto, diremos:
- «Ahora voy a contar hasta 7. A cada número, tu sueño se hará cada vez más profundo, y, cuando diga 7, podrás levantarte y caminar. A pesar de que sigues durmiendo profundamente, seguirás mi voz.» Una vez terminada la cuenta:
- «Bien, ya puedes levantarte.» Si hace falta, hay que ayudar al sujeto a incorporarse, agarrándole delicadamente por las muñecas y tirando lentamente de él hasta que pueda estar de pie.
- «Ahora caminas con facilidad siguiendo mi voz que te guía segura.»
- Después de unos pasos haremos que el sujeto se siente de nuevo.
- En este momento, podemos dar sugestiones positivas de bienestar, de despertar de las defensas orgánicas, etc., según los casos, y después empezar a despertar al sujeto con la cuenta de siempre, y con los pasos magnéticos de abajo arriba.

10.ª LECCIÓN

Las «sugestiones negativas» y su realización durante la hipnosis

Se llaman sugestiones negativas aquellas sugestiones con las que se impiden movimientos y acciones.

Estos experimentos son sencillos y a la vez interesantes. Con estas sugestiones se pueden hacer los objetos pesados, impedir que el sujeto alcance un determinado objeto interponiendo entre la persona y el objeto un muro invisible, etc.

Para llevar a cabo este tipo de experimentos hay que tener en cuenta que se tienen que satisfacer estas dos condiciones:

1) Dar instrucciones al sujeto para introducir el mecanismo.
2) Dar instrucciones al sujeto *para borrar* dichas sugestiones.

Es de *capital importancia* que, antes de iniciar los experimentos de las «sugestiones negativas», procuremos *siempre* introducir en el inconsciente del sujeto una señal particular, (que puede ser una palabra, un número, unas palmadas, etc.), con el que al final de la sesión quitaremos toda sugestión negativa introducida en su subconsciente.

En efecto, si la sugestión negativa introducida en el sujeto durante la hipnosis se materializa, automáticamente se borra; pero si, por cualquier circunstancia, la sugestión no fuera materializada por el sujeto en el tiempo programado, podría dar lugar a serios inconvenientes, como explicaremos en la siguiente lección.

Uno de estos inconvenientes podría ser el que la sugestión negativa se materializara *a posteriori*, cuando el operador ya no está presente.

¡En ese caso es fácil imaginar qué tragedia podría producirse si el sujeto, al dejar el despacho del hipnotizador, y mientras va en coche hacia su casa, viera de repente aparecer ante sí un muro, debido a la acción retardada de la sugestión negativa!

Por lo tanto, el operador *no debe olvidar nunca introducir*, antes de las sugestiones negativas, *la señal para borrar dichas sugestiones*, y al final de la sesión *tiene que ejecutar la señal para borrar las órdenes dadas.*

Dicha señal (como ya hemos dicho) tiene que ser muy sencilla, de forma que se recuerde fácilmente.

Además, es bueno *apuntar* las sugestiones negativas que se dan, y las señales convenidas para quitarlas.

Modalidades para las «sugestiones negativas»

Después de la fase de profundización del sueño mediante el «sonambulismo» del sujeto, y antes de este experimento, el operador dirá siempre:

— «Cuando yo, y sólo yo, *dé cuatro palmadas* (por ejemplo) *eliminarás todas las sugestiones* que te he dado esta tarde, *salvo* las de bienestar, serenidad, tranquilidad física y psíquica, que tendrán efectos duraderos.»

Tras esta indispensable premisa, podemos empezar a dar las sugestiones negativas como en los ejemplos siguientes.

Sugestión negativa para hacer los objetos pesados

Colocar previamente un volumen grueso sobre la mesita. (Al menos, la primera vez el volumen tiene que ser algo consistente, para dar mayor credibilidad a la sugestión. Más tarde se podrá hacer también con objetos pequeños).

Ahora el operador dirigirá al sujeto las siguientes palabras:
— «Encima de esta mesita hay un volumen muy pesado. Tan pesado que tú no consigues levantarlo de allí. Ahora, mientras sigues durmiendo profundamente, podrás abrir los ojos, te levantarás, te dirigirás hacia la mesita y tratarás de levantar este volumen pesado que está encima de la misma, pero no podrás conseguirlo porque el volumen es muy pesado, muy pesado.
Por mucho que te esfuerces, no conseguirás levantarlo.
Cuanto más te esfuerces, más pesado se volverá el volumen.
El volumen es pesadísimo... pesadísimo... ni siquiera podrás desplazarlo... Ahora abre los ojos, levántate, ves hacia la mesita... Mira, el volumen que tienes delante es pesadísimo... no puedes levantarlo.... es pesadísimo... anda, inténtalo, no lo vas a conseguir...»

Te acordarás de borrar la sugestión al final de la sesión, o bien, si en la sugestión se ha introducido la frase: «Podrás levantarlo sólo cuando yo te lo diga», puedes eliminarla inmediatamente diciendo: «... ya puedes levantarlo...».

Es útil saber que, cuando a un operador no le sale una sugestión negativa, incluso sobre varios sujetos, el hipnotizador tiene que cambiar radicalmente de experimento, para que no se deje influenciar negativamente por los fracasos anteriores.

Esto vale también para cuando fracasan las órdenes poshipnóticas que vamos a ver en la próxima lección.

De todos modos, conviene precisar que, cuando se producen las situaciones que acabamos de describir, el operador tiene que tener seguridad y asumir una actitud mental positiva respecto al éxito de sus experimentos.

Secuencia de los ejercicios con el sujeto

1) Respiración lenta y profunda; relajación del brazo sobre el índice.

2) Serie completa de caídas hacia atrás y hacia adelante.
2) Atadura de las manos.
4) Adormecimiento con los pasos magnéticos alternos de arriba abajo, o con el bloqueo ocular; (si queremos, podemos realizar otros bloqueos).
5) Profundización del sueño con la cuenta hasta 20.
6) Visualización del ascensor y del prado telepático.
7) Levitación del brazo.
8) Sonambulismo.
9) Sugestiones positivas: sensaciones de bienestar, activación de las defensas orgánicas, etc...).
10) Sugestiones negativas, precedidas por la «orden de levantamiento de las mismas», y su ejecución durante la hipnosis, como, por ejemplo:
   — Hacer un objeto más pesado.
   — Interponer un muro invisible entre el sujeto y un objeto determinado que se le ordene alcanzar.
   — Quitarle la sed al sujeto con un refresco inexistente.
   — Ordenarle que realice una acción determinada, etc..
11) Empezar la cuenta para despertar al sujeto, y a la vez realizar pasos magnéticos de abajo arriba; indicar la señal para borrar las sugestiones negativas.

11.ª LECCIÓN

**Las sugestiones negativas:
las «órdenes poshipnóticas»**

Una vez terminada la fase de profundización del sueño, podremos asignarle al sujeto una *tarea a realizar cuando se despierte* o, lo que resulta más fácil, inculcarle una *imposición negativa*.

El operador, obviamente, no intentará ponerse en evidencia, y tendrá que hacer lo posible para que los presentes mantengan una actitud coherente con la seriedad que la hipnosis exige: entre otras cosas, una atmósfera frívola podría ralentizar la disponibildad de otros sujetos.

(Hay que tener en cuenta, sin embargo, que es siempre preferible llevar a cabo la hipnosis en presencia de muy pocas personas. Lo ideal sería que en una sesión hipnótica, repito, estuvieran presentes tan sólo: el operador, el sujeto y un asistente-testigo).

Vamos a citar como ejemplo algunos «programas» poshipnóticos. No se trata de sugerencias, el operador puede explayarse con su imaginación:

— Crear en el sujeto la idea-realidad de que algún objeto de tamaño pequeño que esté encima de un mueble (o bien un mechero, o unas gafas...) tenga un peso tal que le mantenga pegado a la repisa: el sujeto se acercará al objeto, intentará levantarlo, pero no podrá hacerlo de ningún modo.

- Impedir el movimiento de un brazo.
- Provocar una sensación de sed, e invitar al sujeto a calmarla con un refresco inexistente.
- Aumentar la fuerza física (naturalmente con prudencia, y sólo para este experimento concreto).
- Provocar la insensibilidad al dolor.
- Crear ante el sujeto un muro invisible pero insuperable. En este caso el operador tiene que elaborar una verdadera construcción mental, y deberá actuar del mismo modo cuando, con una orden poshipnótica, quiere poner a un sujeto frente a una realidad física inexistente-existente.

En primer lugar, el muro tendrá que ser bien delimitado, tendrá que tener una cierta altura y, obviamente, también un espesor.

Por lo tanto, el operador posará sobre el suelo con su mente la primera fila de ladrillos: y sobre la misma levantará el muro, de manera rápida pero acabada, hasta una altura insuperable. Se trata, en sustancia, de una construcción etérea, visible para el vidente: hasta tal punto que, si el sujeto intentara superarla, además de verse rechazado, podría contusionarse.

Para recordarle al mismo la limitación de nuestro muro, conviene poner en el suelo un signo que la indique (no en toda su longitud, sino como referencia visual explícita).

No olvidemos que es más fácil impedir un movimiento o una acción que hacer que se ejecute.

Modalidades para la introducción de las «órdenes poshipnóticas»

Bien, tenemos ante nosotros a nuestro sujeto dormido, nos acercamos a su oído derecho, y le susurramos:

- «Dentro de poco te voy a despertar, y tú te encontrarás muy bien...
  ... te levantarás y caminarás hacia... (lo dirigiremos hacia un lugar que esté al otro lado del muro), pero no podrás llegar allí, porque te encontrarás con un muro invisible pero insuperable...

... podrás superar el muro sólo cuando yo te lo diga...»

A continuación, daremos comienzo al despertar, por ejemplo con la técnica de la cuenta:

— «... Ahora voy a contar hasta 10, y, a cada número, tu sueño se irá haciendo más ligero...
... cuando diga 10, te levantas, intentas andar hacia... (el sitio que está al otro lado del muro) pero no lo consigues... no puedes hacerlo porque ante ti hay un muro invisible pero insuperable... *podrás superarlo sólo cuando yo te lo diga...*

(Si el sujeto estuviera profundamente dormido, podremos facilitar su despertar acordándonos de darle aire frío sobre la frente, realizando algún paso magnético de abajo arriba, y también acercando nuestra mano a su nuca, a pocos centímetros de distancia.)

Es interesantísimo, al final de la velada, hacer que la persona nos describa el tipo de muro que se le ha interpuesto, y su consistencia.

La descripción del tipo de muro variará considerablemente de un sujeto a otro y es muy interesante, sobre todo para un grupo de hipnosis que haya elegido un campo de investigación de esta clase.

Durante la sugestión negativa del muro invisible, no hay que olvidar sugerirle al sujeto que proceda lentamente y con las manos hacia adelante, ya que podría lastimarse seriamente, como hemos dicho antes.

Otro ejemplo de orden poshipnótica:
«hacer que un objeto se vuelva pesado»

El operador le dirá al sujeto:

— «Cuando yo te despierte y sientas pronunciar la palabra "fiera" (pongo por caso), te dirigirás hacia la mesita y tratarás de levantar el grueso volumen que hay encima de la misma, porque querrás observarlo mejor[*].

---

[*] Conviene motivar siempre la acción.

Por muchos esfuerzos que hagas, no podrás levantar el volumen porque es pesadísimo, ni siquiera podrás moverlo...

Cuando dé 4 palmadas (pongo por caso), *eliminarás* totalmente esta sugestión.

Ahora voy a contar hasta 10. Cuando diga 10, estarás completamente despierto y te sentirás muy bien; no recordarás la sugestión que te he dado aunque la ejecutes puntualmente.»

Empezamos a contar realizando al mismo tiempo los pasos magnéticos de abajo arriba.

Antes de despedir al individuo, si éste no ha ejecutado la orden poshipnótica, no debemos olvidar la «orden de levantamiento» de la sugestión negativa.

Con las sugestiones poshipnóticas se pueden potenciar sentidos como el olfato, la vista microscópica y macroscópica, etc., como veremos de forma más ampliada en las páginas siguientes.

El mecanismo de la orden poshipnótica, otras alternativas y ejemplos

Para la introducción de la orden poshipnótica nos basamos en el mismo principio de los músculos involuntarios.

En efecto, en el estado super-consciente del sujeto se realiza una grabación programada que permite, precisamente, programar a la persona, o algunas de sus acciones, a distancia, tanto en el tiempo como en el espacio.

El gráfico siguiente explica cómo se introduce en la psique de un sujeto la orden poshipnótica:

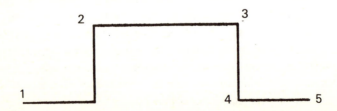

En dicho gráfico, en la posición 1, tendremos al sujeto en estado normal de vigilia; en la posición 2, el mismo es llevado hacia un estado superconsciente; entre la posición 2, y la posición 3, ha sido introducida la «orden poshipnótica», es decir, el «programa»; en la fase 4, volveremos a reconducir el sujeto a su estado anterior, y continuaremos normalmente: fase 5.

Si el sujeto es bueno, se les pueden dar también sugestiones visuales con una orden poshipnótica.

Veamos un ejemplo, simplemente a título demostrativo, pero que jamás aplicaremos, ya que, al poner al sujeto en ridículo, suscitaríamos justamente su ira.

— Mañana, cuando te levantes, mirarás por tu ventana y verás que llueve. Convencido de que estás vestido, cogerás tu paraguas, saldrás y darás una vuelta a la manzana para tomar un poco el aire.»

Recordamos de nuevo que una orden hay que justificarla siempre. Por ejemplo: «Intentarás levantar el libro, porque quieres verlo bien...»

Conviene recordar también que, durante las primeras sesiones, no hay que dar más de una orden poshipnótica a la vez.

Con la orden poshipnótica podemos cuidar y curar un órgano interno, y viceversa, podemos producir una quemadura si damos precisamente la orden, diciéndole al individuo que en un momento determinado, al pasar cerca de la estufa (apagada), la rozará y se quemará.

¡Es obvio que éste no es más que un ejemplo, y que no lo vamos a aplicar, porque lo único que vamos a conseguir es que el sujeto nos dé un puñetazo en la nariz!

Sea como sea, en este experimento se produciría una verdadera quemadura, de esas que dejan huella, aunque el sujeto no se hubiera quemado en su vida y, por lo tanto, su memoria no supiera cómo actuar ante una quemadura, ni cómo reaccionar.

Eso ocurre porque el inconsciente «pescaría» en la memoria ancestral, en la que están encerrados los recuerdos de toda la humanidad: la llamada «mente de raza».

¡Recordemos, entre otras cosas, que el ser humano, antes de nacer, atraviesa distintas fases y experimenta distintas situaciones a las que la memoria acudirá cuando sea necesario!

Con la orden poshipnótica, podemos también hacer olvidar lo que se ha hecho durante la sesión.

En este caso, el sujeto, una vez despierto, reanudará la conversación justo en el instante en que la había interrumpido al comienzo de la hipnosis.

Sin embargo, se debe recurrir a un experimento de este tipo sólo cuando hay una verdadera razón, ya que en la mente del sujeto podría surgir la sospecha, al darse cuenta de que ha habido un vacío (sin recuerdos), de que puedan haber abusado de algún modo de él.

Es necesario, además, subrayar que, cuando una orden poshipnótica no es ejecutada, por lo que sea, queda de todos modos grabada en el inconsciente, provocando depresión, malestar, fastidio, e incluso la persona podría enfermar.

Por eso, es indispensable introducir la «orden de levantamiento». Volveremos más adelante sobre este concepto, dada su importancia.

La orden poshipnótica para la «rehipnotización rápida»

La orden poshipnótica, como hemos dicho, puede servir perfectamente para rehipnotizar rápidamente a un sujeto en sesiones seguidas.

Para introducir este mecanismo, cuando el sujeto esté profundamente dormido, el operador repetirá *tres veces* lo siguiente:

— Ahora presta mucha atención a mis palabras: en adelante, cuando tú y yo hagamos ejercicios de hipnosis, bastará con que yo cuente hasta 10. Cuando diga 10, estarás profundamente dormido, más dormido que ahora.

Obviamente, cuanto más rápido sea el sistema para inducir de nuevo el estado de hipnosis, mayor tendrá que ser la concentración del hipnotizador.

Conviene recordar que, para hipnotizar rápidamente a una persona, el sistema telepático es el más seguro y eficaz.

La orden poshipnótica con la «palabra-clave»

Si queremos, podemos introducir órdenes poshipnóticas en nosotros mismos. Estas órdenes tienen que ser estrictamente personales, y sólo nosotros debemos utilizarlas.

Aquí vamos a explicar brevemente este tema, que trataremos más a fondo en el capítulo reservado a la «autohipnosis».

Para que el mecanismo de la orden se ponga en marcha, tenemos que preparar la *palabra-clave* e introducirla en nuestro inconsciente.

Dicha *palabra-clave* deberá ser sencilla, y nadie deberá conocerla ni utilizarla.

En el momento oportuno, cuando tengamos necesidad de ejecutar la orden poshipnótica que nos hemos dado, pronunciaremos voluntariamente la *palabra-clave*, haciendo desencadenar de ese modo el mecanismo de ejecución.

Al elegir la *palabra-clave* hay que poner mucha atención, para que no haya equivocaciones que con el tiempo nos resulten dañinas a nosotros mismos.

La *palabra-clave* puede ser convenientemente utilizada para activar más la memoria, o para quitarnos un dolor de muelas, etc.

Para quitarnos el dolor de muelas, aplicamos el sistema de «insensibilización» al dolor (uno de los sistemas, como veremos más adelante), precisamente mediante la orden poshipnótica dada a través de la *palabra-clave*, que podemos utilizar cuando lo consideramos necesario.

Podemos utilizar el mismo procedimiento con una *tercera* persona.

En este caso, sin embargo, hay que dar una *palabra-clave que sirva sólo una vez*, porque la experiencia enseña que el sujeto podría abusar de la *palabra-clave*, lo cual acabaría por perjudicarle.

(Esta parte deberíamos tratarla más adelante en el capítulo «insensibilización», pero preferimos terminar de tratarla aquí, en las «órdenes poshipnoticas», ya que de ese modo este tema quedará más completo y exhaustivo).

En la sugestión que vamos a realizar, para nosotros mismos o para los demás, hay que tener en cuenta que no debemos quitar del todo la sensibilidad, de lo contrario, cuando vayamos al dentista, no sabremos si el trabajo que hace en nuestra boca está bien o no; no sabremos indicarle exactamente cuál es la muela estropeada, la que nos duele.

Por lo tanto, nos limitaremos a *quitar la mayor parte del dolor, dejando no obstante la «sensación táctil»*.

Por esta razón, daremos las sugestiones verbales necesarias para quitar el miedo, para infundir tranquilidad, para *insensibilizar el dolor dejando las sensaciones táctiles*.

Otros experimentos y usos de la orden poshipnótica

Otro experimento que se puede hacer con la orden poshipnótica es el de hacerle beber a una persona un imaginario *vaso de aguardiente*.

Si observamos que ésta sufre realmente los efectos del alcohol, dentro de poco estará borracha, y hasta el análisis de sangre confirmará la presencia de una fuerte dosis de alcohol.

En este experimento habrá que tomar *previamente* las oportunas precauciones, dándole al sujeto la orden de que, cuando demos dos palmadas, volverá a dormirse profundamente en el mismo nivel de antes; a continuación, cuando éste se haya vuelto a quedar dormido, procederemos a quitarle la borrachera.

Con este sistema estaremos seguros de que el experimento no va a dejar unas huellas que, de lo contrario, podrían tener consecuencias desagradables.

Recordar que las precauciones en hipnosis nunca sobran.

Otro experimento parecido puede ser el de sugerir, por ejemplo, al sujeto que ha comido azúcar: si se le hace una extracción de sangre, y se analiza en laboratorio, constataremos un ligero aumento proporcional del nivel glicémico, es decir, del nivel de azúcar en la sangre.

Piénsese en la posible aplicación de este experimento en sentido contrario con un diabético: es decir, sugerirle al sujeto que se ha puesto una inyección de insulina.

Si se le hace a esta persona una extracción de sangre, y se analiza, constataremos en este caso una disminución del nivel de azúcar.

Es obvio que este experimento se tendrá que realizar a ser posible junto con personas que tengan los suficientes conocimientos teórico-prácticos de medicina como para asegurarnos que actuamos con toda seguridad en casos de este tipo.

Otra de las utilidades de las órdenes poshipnóticas puede consistir en tranquilizar e infundir seguridad en una persona que tenga que hacer un examen, una prueba o unas oposiciones.

Lo mismo digo cuando queremos que alguien toque con brío un instrumento dado, y con mayor soltura en los dedos, o bien si queremos acelerar o ralentizar el ritmo de la pieza que está interpretando.

Como hemos visto por los ejemplos ya mencionados, la orden poshipnótica puede ser utilizada de la manera más variada e interesante, tanto desde el punto de vista experimental como práctico.

Motivaciones de la fallida ejecución de una orden poshipnótica

Cuando un sujeto no ejecuta una orden poshipnótica, puede ser por varias razones:

1) La orden no está claramente expresada por el operador.
2) La orden choca con la forma de ser del sujeto. (A este respecto, es típico el ejemplo del sujeto que, temiendo el ridículo, no podrá ejecutar la orden que sabe que le va a poner en esta situación).
3) La orden se produce después de que el sujeto ha estado con el operador.

Sea como sea, si la orden poshipnótica no es ejecutada, tendremos que *quitar totalmente la orden* del inconsciente del sujeto, de lo contrario éste tendrá depresiones, y hasta llegará a ponerse enfermo, debido al autocastigo impuesto por no haber ejecutado la orden que se le dio durante la hipnosis.

Por lo tanto, de lo que hemos dicho se deduce que el hipnotizador tiene que prestar mucha atención a las palabras que dice cuando da las sugestiones, porque si hubiera una contradicción patente, el inconsciente del sujeto la grabaría, *se inmunizaría* contra este tipo de error, y ya no obedecería como antes.

Por eso, si el sujeto no ejecuta la orden poshipnótica, el operador tendrá que volver a dormirlo y eliminar la orden, acordándose, sin embargo, de volver a proponerle antes la orden en el contexto de una frase normal.

Sin embargo, si durante la hipnosis ha sido introducida −como es debido− la *orden de levantamiento de la orden,* el operador ejecutará la señal que anula dicha orden.

Las órdenes poshipnóticas que suponen la renuncia a ciertos hábitos

Cuando se dan órdenes poshipnóticas que suponen renunciar a ciertos hábitos que el sujeto ha adquirido (como el tabaco, el alcohol, la alimentación exagerada, la droga), hay que ser muy cautos, ya que ese hábito negativo podría presentarse de manera muy inocente (naturalmente, no es el caso de la droga) como sustitutivo de profundas carencias afectivas.

En este caso, estos hábitos tendrían una funcion equilibradora.

Si nosotros quitamos así por las buenas estas muletas (los malos hábitos), correremos el riesgo de hundir a la persona en un estado de depresión y de desequilibrio tal vez grave; sin tener en cuenta que el organismo −en busca de un nuevo equilibrio− podría sustituir el tabaco, por ejemplo, con una úlcera de consecuencias inimaginables.

Lo que hay que hacer, por lo tanto, es ayudar al individuo —siempre que esté íntimamente convencido de que quiere abandonar su «hábito negativo»— a moderar su «vicio».

No deberemos bloquear, pues, estos hábitos, sino conducir poco a poco al sujeto a eliminarlos por sí mismo.

Si se trata de hábitos que perjudican a todo el ser del individuo, o que éste quiere eliminar totalmente, será preciso —con su previa aprobación— buscar la razón última que le empujó a contraer dichos malos hábitos.

Para buscar la razón última, habrá que hacer la «regresión de la memoria» en hipnosis: técnica que veremos más adelante.

Una vez encontrada la razón última, haremos que el sujeto tome conciencia de la misma, con las debidas cautelas, librándole de ese modo de dicha esclavitud.

Si las causas se deben a ciertos traumas que el sujeto ha padecido y que ya han sido anulados, habrá que ordenarle —*después de volver a cerrar con cuidado «la ventanilla» de la memoria*— de estos recuerdos penosos— que en las noches siguientes sueñe, sin sentir temor, ni miedo, ni aprensión, con lo que ha provocado su problema, y lo recuerde con claridad, sin sentirse implicado emocionalmente, sintiéndose perfectamente bien y en equilibrio con la naturaleza.

Dada la importancia y la amplitud del tema, volveremos a ello en el capítulo «tratamientos hipnoterapéuticos».

Regresión de la memoria

Premisas generales para la regresión de la memoria

La visualización del prado es un poco el punto de partida para todo experimento, y eso es válido también para la «regresión de la memoria».

Para llegar a esto, el sujeto tiene que alcanzar un grado de sueño muy profundo, continuamente reforzado por la apremiante sugestión verbal del operador:

— «Tú duermes profundamente, muy profundamente. Todo el mundo está lejos para ti... Sólo oyes mi voz... Tu sueño se ha ce cada vez más profundo... tu mente es libre de moverse en el tiempo, y tú puedes volver atrás hacia recuerdos pasados, y puedes revivir cualquier instante de tu vida...»

Con estas palabras, por ejemplo, se dará comienzo a la regresión, como veremos más adelante.

Por ahora conviene hacer algunas aclaraciones de carácter general, para encuadrar el experimento en su justo contexto.

Una de las aplicaciones prácticas de la técnica de la «regresión de la memoria», es que con ella se pueden resolver positivamente eventuales traumas sufridos por el sujeto durante su existencia, y que, bajo distintas formas, han hallado inesperados disfraces a nivel consciente.

La mente tiene unas características verdaderamente excepcionales e interesantes. Afecta no solamente a las células físicas del cerebro, en la memoria química de las células, sino que incide también en los cuerpos astrales, ya que forma parte de los mismos.

La mente se puede cambiar. ¡La memoria de una persona se puede cambiar, incluso de manera radical!

Se puede trabajar en la mente de una forma activa, ya que ésta es extremadamente dúctil.

Podemos incluso, como veremos, hacer que una persona se olvide de que sabe leer y ecribir, ya que de ese modo realizaríamos en el sujeto un bloqueo de algunos sectores lógicos del cerebro.

Por ejemplo, podemos hacer que un sujeto olvide su nombre, y luego preguntarle: «Jorge, ¿cómo te llamas?»

El sujeto no conectará en absoluto las dos partes de la frase entre sí, ya que, precisamente, se ha producido un bloqueo de algunos sectores lógicos de su cerebro.

Tras estos preliminares, quisiéramos subrayar con toda claridad que el ser humano que se ha entregado al operador representa una enorme responsabilidad —bajo todos los aspectos— para el propio hipnotizador.

El operador *tiene la obligación* de respetar la individualidad y la intimidad de la persona, y *con profunda humildad y amor* sinceramente fraterno tiene que tomar todo tipo de precauciones para que el experimento no constituya un fin en sí mismo, o responda a sus propias necesidades de investigación, sino que –sobre todo– esté dirigido al bienestar y a la integridad de la persona que con tanta confianza ha puesto en sus manos su mente y su ser.

¡OJALÁ el operador no abuse, de algún modo, de este poder que tiene, ni lo utilice con ligereza, ya que «los Señores del Karma» sabrán –si es que alguien no lo hace antes– pagar con moneda muy pesada, a su debido tiempo, todo lo que el hipnotizador haya cometido!

Hay que recordar que, durante la «regresión de la memoria», el sujeto en estado de hipnosis revive ese momento concreto de su vida: lo revive de la manera más completa y con todo detalle, con los mismos estados de ánimo de entonces, como si todo ocurriera exactamente en ese instante.

Por eso hace falta que el operador esté preparado ante cualquier eventualidad que pudiera surgir, sea alegre o triste, así como a las reacciones imprevisibles del propio sujeto.

Preliminares para las modalidades de la «regresión» y ejercicios preparatorios

La regresión, como ya hemos dicho, se lleva a cabo poniendo al sujeto en estado de hipnosis profunda, haciéndolo regresar luego en el tiempo, en ocasiones hasta seis días antes del nacimiento.

Llegados a este punto, como veremos más adelante, podemos seguir retrocediendo, y hacerle revivir las vidas que ha vivido anteriormente.

Obviamente, para llegar a un sueño profundo, después de la «levitación del brazo», hay que hacer la «visualización del prado» y el «sonambulismo».

Sin embargo, antes de afrontar la regresión en sí, será muy útil llevar a cabo algunos ejercicios preparatorios que vamos a resumir aquí.

Por ejemplo, el operador se dirigirá al sujeto diciendo:

— Cuando te despierte dentro de poco, no recordarás tu nombre, ni podrás escribirlo en el bloc de notas que te daré.

O bien se le puede decir que no lo recordará a una determinada señal nuestra.

(Pero hay que introducir la orden de levantamiento: ¡Siempre!)

Como vemos, se empieza con ejercicios muy sencillos.

Al igual que con la orden poshipnótica que acabamos de mencionar, podemos hacerle olvidar a una persona que sabe leer y escribir, como dijimos en la página 124.

Del mismo modo, se pueden llevar a cabo otros bloqueos de la memoria: hacer olvidar una determinada letra del alfabeto (por ejemplo, una determinada vocal, o todas las vocales), o bien posponer algunas letras en el cuerpo de las palabras habladas o escritas.

Estos ejercicios iniciales, muy interesantes, permiten sondear la «respuesta» del sujeto, y comprobar a la vez la profundidad del nivel hipnótico alcanzado por el mismo.

La «regresión de la memoria» requiere una preparación particularmente esmerada, y respecto al sujeto, tendrá que tratarse de una persona ya «probada» por nosotros en otras sesiones hipnóticas; en el primer encuentro actuaremos tan sólo con seres particularmente sensibles.

Un caso que puede presentarse a veces es el de una persona que padece *tartamudez* y que quiere poner remedio a su limitación.

En ese caso, puesto que la tartamudez es un trastorno emocional que ha surgido en el seno de la familia, conviene hacer la regresión de la memoria del sujeto en hipnosis.

En dicha regresión se le hará recordar a la persona el momento inicial en el que ha comenzado su trastorno y, por lo tanto, el acontecimiento que lo ha originado.

Haciendo luego tomar conciencia al mismo de la razón última, se eliminará —como por arte de magia— el propio trastorno.

Por supuesto, si el acontecimiento es traumático, se le hará tomar conciencia al sujeto mediante la orden de soñarlo sin miedo ni temor, y de recordarlo sin emoción al día siguiente.

Por lo que respecta a la memoria, puntualizaremos más adelante —en el capítulo de la «autohipnosis»— las técnicas idóneas para memorizar rápidamente, con memoria fotográfica, las páginas de un libro, y otros trucos para la memorización inmediata de cosas vistas, oídas o dichas.

Aquí vamos a hablar brevemente del *uso del grabador para aprender durante el sueño natural*.

Este sistema no es aconsejable, aunque se utilice por poco tiempo a lo largo de la noche, ya que dicha técnica impide soñar al sujeto y, por lo tanto, descargar, a través de esta indispensable válvula de seguridad, sus propias tensiones.

Si acaso, se puede utilizar no más de una vez por semana.

¡De lo contrario, se corre el riesgo de tener trastornos psíquicos graves, hasta enloquecer!

Condiciones fundamentales para la regresión de la memoria

Los puntos siguientes son un recordatorio indispensable para el operador, que tiene que tenerlos constantemente presentes.

1) El ambiente para el experimento tiene que ser calmo, sereno, cómodo; las luces, suaves; una música de fondo adecuada (por ejemplo, el *Tema de Lara,* el *Adagio de Albinoni,* etc.), o bien un «ruido blanco»; quemar una barrita de incienso oriental. Los resultados mejorarán en un 30 % si, por ejemplo, hay otra persona hipnotizada en la sesión.
2) El operador tiene que estar solo con el sujeto, que de ese modo se siente más tranquilo (¡si acaso, un solo asistente como testigo!).
3) Es necesario e indispensable que el mismo apruebe previamente este tipo de experimentos.
4) Hay que disponer de tiempo (como mínimo dos horas) para poder conducir el experimento de la mejor manera posible.
5) Es indispensable que el operador se comprometa con la per-

sona a no tocar y ni siquiera rozar aquellas cosas, acontecimientos o circunstancias íntimas que ésta no quiere que se toquen.

A ese respecto, el hipnotizador preguntará al sujeto si hay fechas, períodos o acontecimientos para los que desea guardar una reserva total.

El operador tomará nota de ello en un bloc, y evitará cuidadosamente rozar dichas situaciones.

6) El hipnotizador, además, se comprometerá explícitamente a no revelar a nadie cuánto emerge de la «regresión de la memoria».

7) Si durante el experimento emergen *hechos traumáticos* o de algún modo delicados, el operador NO DEBE DE NINGUNA MANERA REVELARLOS AL SUJETO antes de que hayan transcurrido dos semanas.

Esto para darle tiempo al inconsciente de elaborar eventuales defensas, y hacerle asimilar, por ejemplo, a través de los sueños, cosas que podrían ser insoportables para la conciencia de la persona.

8) El operador no debe llevar a cabo la «regresión de la memoria» en presencia de familiares del sujeto o de personas que tienen algún lazo afectivo con el mismo; tampoco realizará este experimento sobre sus propio familiares, o sobre personas que tengan lazos afectivos con él.

9) El hipnotizador tendrá que apuntar en un bloc todas las cosas importantes y sobresalientes que emerjan, sobre todo con todas las fechas en orden progresivo, que le hace revivir al sujeto.

Eso, como veremos dentro de poco, es muy importante a fin de reconducirlo poco a poco al presente.

Repetimos, una vez más, que este experimento es un acto altamente creativo.

Puesto que estamos tratando con la mente humana —el individuo, la persona—, tenemos que tener un cuidado y un respeto absoluto.

Por lo tanto, tenemos que acercarnos a ella con humildad y amor, y con la máxima prudencia se han de tomar todas las precauciones posibles que garanticen el éxito de la regresión.

Si al sujeto se le despertara en una época concreta de su vida alcanzada por medio de la regresión, se quedaría bloqueado en esa fase, en esa edad, con todas las manifestaciones típicas que esa época conlleva.

Por lo tanto, como veremos, el despertar tiene que ser rigurosamente programado.

Modalidades para la realización del experimento sobre la «regresión»

El operador tendrá preparado al sujeto con:
— La serie de caídas.
— La atadura de las manos.
— El adormecimiento con los pasos magnéticos o el bloqueo ocular.
— La levitación del brazo, y
— El sonambulismo.

En este momento, el hipnotizador procurará que la persona se tumbe en un sofá.

Se cuenta hasta 20 para profundizar el sueño, y si el sujeto no está cansado se realizará la «visualización del prado».

Con este experimento se probará el grado de «respuesta telepática», al tiempo que, por supuesto, se siguen dando sugestiones positivas de bienestar.

A continuación, se quitará al sujeto del prado, y empezará la verdadera «regresión de la memoria», con las siguientes palabras:

— «Ahora no pienses más en el prado. Estás conmigo en la habitación. Estás tumbado en este sofá y te encuentras estupendamente.

Seguidamente voy a contar hasta 20, y a cada número tu sueño se hará cada vez más profundo».

A continuación, el hipnotizador le recordará al sujeto el tipo de experimento que va a comenzar, del que ya se había hablado mucho antes de iniciar la sesión, y para el cual el operador había obtenido ya su aprobación previa.

— «... Tú estás entre amigos, cómodamente tumbado e inmerso en un sueño muy profundo...
 ... ahora vamos a hacer un experimento de regresión en tu vida pasada...
 ... desde ahora, poco a poco vamos a revivir algunas imágenes de tu vida, hasta tu infancia...
 ... podrás hacerlo fácilmente... porque tu memoria se está ampliando por momentos...
 ... tu memoria se va agudizando cada vez más... cada vez más... y tú podrás recordar con una facilidad aún mayor...
 ... dentro de poco las imágenes de tu vida pasada aparecerán ante tus ojos como la película de tu vida, y tú la verás como espectador...» *

— «... Ahora empiezas a viajar hacia atrás en el tiempo con tu memoria...
 ... estamos a... (se le dice la fecha de dos días antes)... te acabas de levantar... ¿qué tiempo hace?...»

---

* Hay que insistir mucho en el concepto de la *película*, ya que, de ese modo, el sujeto *no se siente implicado emocionalmente* en la acción que su mente revive en ese momento de manera total. Puede ocurrir que el hipnotizador, sin querer, tropiece con un instante en el que ha ocurrido algo traumático para el sujeto. La persona se hundirá inmediatamente en la desesperación, en el dolor y en la angustia que efectivamene probó en esa circunstancia. A pesar de que se le ha repetido al sujeto que volverá a ver su vida como en una película, lo más seguro es que éste no sea capaz de distanciarse emocionalmente de lo que su propia mente revive. En este caso, habrá que superarlo, sobre todo manteniendo la calma y diciéndole al sujeto que ese momeno ha pasado, que ya se encuentra mejor, ahora que lo ha superado, y que está más tranquilo y sereno. A continuación, se pasará rápidamente a otro momento, o bien, poco a poco, recorriendo a la inversa las etapas y fechas anteriores, se le hará volver al momento actual, con la técnica que vamos a explicar.

Esperamos la respuesta, y continuamos:

— «... ¿Qué has comido al mediodía?»

Se trata de la pregunta más elemental, pero es muy importante empezar así porque las primeras respuestas sirven para darle seguridad al sujeto.

No olvidemos, además, conducir la acción de lo general a lo particular. Luego seguimos retrocediendo en el tiempo con progresión creciente: 4 días, 10 días, 1 mes, 6 meses, 2 años, 6 años, y así sucesivamente.

La rapidez de la regresión, además, deberá estar en función de la edad de la persona: es evidente, por lo tanto, que tendremos que conocer el día, el mes y el año de su nacimiento.

Si una fecha no es significativa para el sujeto, no hay problema, podemos proponer otro día cercano a la misma.

Pero, a propósito de fechas significativas, recuerde el operador que los experimentos de regresión se tienen que preparar también con una investigación cuidadosa en el calendario, no solamente del año en curso, sino del mayor número de años posibles —sería muy útil poder «hacer la estadística» de hasta 40-50 años— para recabar de cada año una decena de fechas: algunas de ellas referidas a días festivos, y otras a días laborables.

En nuestra agenda, por ejemplo, veremos que el día 7 de diciembre era un domingo: si hacemos que nuestro sujeto nos describa los acontecimientos de ese día, podremos averiguar si corresponden a los acontecimientos propios de un día festivo.

Del mismo modo, podremos citar luego la fecha del día de Pascua de hace 10 años, para averiguar si revive efectivamente ese día.

Hemos dicho ya que, durante la regresión, el sujeto podría encontrarse ante imágenes de dolor o miedo: los síntomas serán un repentino sudor y ciertos signos de excitación.

Le diremos entonces que ese episodio está totalmente superado; si es preciso, le haremos revivir la escena lentamente, reforzando su «yo» y tratando de modificar de forma delicada y positiva su sensación.

Al hacerlo, recordaremos que las experiencias desagradables no se pueden borrar; sin embargo, es muy útil conocerlas para ayudarle luego a superar traumas y complejos, cuando necesite nuestra ayuda: en caso contrario, evitaremos interferir en su vida.

De todos modos, volveremos una vez más sobre este tema importante.

Conviene recordar que en la regresión, cuando el sujeto, por ejemplo, llega a la edad de 4 años y recuerda haber perdido su pelota, o una canica de colorines, y se pone a llorar, quiere decir que ese acontecimiento tiene un contenido emocional muy elevado, equivalente a lo que supondría para un adulto una pérdida de dinero muy fuerte o, incluso, un grave accidente de coche.

Durante la regresión habrá que ayudarle, proporcionándole de vez en cuando alguna referencia conocida.

Si luego, por conocimiento o por casualidad, nos encontramos ante una escena o un acontecimiento del que hemos sido espectadores o copartícipes, aprovecharemos la oportunidad haciendo que el sujeto nos describa esos detalles que sólo el inconsciente puede haber grabado.

Conforme el mismo vaya retrocediendo en el tiempo, se le puede someter a una experiencia interesante.

Le daremos un bloc de notas y un lapicero, y le diremos que escriba su nombre y apellido.

Por ejemplo, una vez que el sujeto haya llegado a los 10 años, el operador dirá:.

— «Ahora, mientras sigues durmiendo, abrirás los ojos, te sentarás y pondrás tu firma (o escribirás tu nombre) en este bloc de notas.» (Por supuesto, el hipnotizador dispondrá de todo lo necesario.)

A continuación, podremos hacer lo mismo cuando lleguemos a los 7 años, a los 6, y a los 3 años podremos decirle que dibuje una casa.

Obtendremos unos resultados absolutamente interesantes: ¡la escritura y el dibujo reflejarán fielmente lo que el sujeto hacía realmente en la época que se está analizando!

Un eventual análisis caligráfico lo confirmará.
Finalmente, una vez llegados a la primera infancia, seguiremos así:

— «Ahora eres muy pequeño... tienes 3 años: qué recuerdas?...»

Si la regresión ha sido conducida de la manera más correcta y oportuna, podremos obtener imágenes maravillosas: la alegría de un niño, vivida, no descrita, con la voz y las palabras de un adulto; la esencia misma de la vida, liberada por un momento del peso de un montón de inútiles cargas.

Insistimos en que es importante no hacer «regresar» también la voz, porque en un momento determinado el sujeto llegaría a expresarse sólo con gestos y vahídos, y nosotros nos perderíamos precisamente las imágenes más bonitas.

Con este sistema podemos llegar hasta seis días *antes* del nacimiento.

En esa época, él describirá el ambiente en el que se hallaba entonces, con los sonidos y ruidos que percibía en estado de feto.

La persona, recostada en el sofá, llegará incluso a asumir la postura del feto.

En este momento, el operador se dirigirá al sujeto con las siguientes palabras:

— «Ahora háblame del primer momento en que has tenido conciencia de existir en esta vida...
... ¿Cuáles son las primeras sensaciones que has grabado dentro de ti?...»

El mecanismo de la memoria

Nos preguntaremos cómo es posible que alguien recuerde e identifique los ruidos que percibió en el vientre materno.

Eso es muy sencillo.
En efecto, si cogemos una cinta magnética (que aquí representa

la memoria), constatamos que registra fielmente todo tipo de sonidos y vibraciones.

La interpretación de estas informaciones, estímulos, mensajes grabados, se puede realizar *a posteriori,* incluso después de años.

Por lo tanto, será descifrable cuando la mente haya aprendido a interpretar analógicamente, y a identificar sonidos y ruidos varios.

En ese momento, al poner en marcha la grabadora (en nuestro caso la «regresión de la memoria») y al volver a escuchar la cinta, la mente está en condiciones de identificar e interpretar correctamente los distintos sonidos y ruidos que entonces escuchó y grabó.

Regresión a la primera infancia y al momento del nacimiento

En esta época de «regresión de la memoria», es grave —repetimos— la responsabilidad del operador.

Tanto más grave cuanto más nos remontamos en el tiempo, sobre todo cuando nos remontamos al momento del nacimiento.

El instante del nacimiento es un momento importantísimo en la vida de un ser humano, y presenciar este acontecimiento representa verdaderamente un momento solemne, que reviste mucha importancia, incluso en el aspecto esotérico.

Al someter a un sujeto determinado a la «regresión de la memoria», hay que averiguar siempre (además de si éste es bueno para la hipnosis) si cree haber tenido complicaciones en el momento del parto.

Esta información será muy útil para el operador, que de ese modo sabrá cómo comportarse para evitar momentos que para el mismo pueden tener un intenso dramatismo.

Para disfrutar de un amplio margen de seguridad, evitando de ese modo que el sujeto se vea implicado emocionalmente, de manera inmediata y directa, en circunstancias desagradables, el operador podrá usar una variante de la «regresión».

Cuando el hipnotizador llegue a un período concreto, que sabe o intuye que puede presentar ciertas dificultades, le dirá al sujeto:

— «*Dime lo que recuerdas*»

Esta sencilla frase ayuda a la persona a distanciarse de la acción, convirtiéndola en mera expectadora.

Si no hay reacciones negativas por parte del sujeto, el operador continuará, por ejemplo, de la siguiente manera:

— «Estamos a... Tienes 3 años... Abre los ojos y, mientras sigues durmiendo, ponte sentado y dibújame una casita en este bloc.»

Con esta frase, el hipnotizador ha reconducido la mente del sujeto de expectadora en protagonista del acontecimiento.

Si hay cosas que el sujeto no recuerda y que evidentemente ha borrado de su memoria, se le podrá decir que a la noche siguiente soñará sin temor y sin miedo, y cuando despierte recordará claramente lo que ha ocurrido y lo que ha hecho tal día a tal hora.

Llegados a sei días antes del nacimiento, nos encontramos en un momento muy particular.

El operador dirá: «Qué recuerdas de esa fecha?»

El sujeto contestará que no recuerda nada.

Desde aquí se puede continuar investigando en las vidas anteriormente vividas, pero para ello veremos la técnica particular que hay que seguir en uno de los siguientes capítulos dedicados a este tema.

Modalidades para que la mente del sujeto vuelva al estado actual

Tras una breve pausa después de la última imagen, iniciaremos el viaje de regreso: lo haremos a velocidad acelerada con respecto a la regresión, o reviviendo todos los episodios agradables que hayamos encontrado.

Dependerá del tiempo que tengamos a nuestra disposición.

Si tenemos que recurrir a la acción más rápida, continuaremos así:

— «Ahora el tiempo transcurrirá ante tus ojos como una película... ... ahora estamos en 19.. ... en 19.. ... etc.», y así sucesivamente, CITANDO TODAS LAS FECHAS anteriormente reconstruidas A LA INVERSA.

Cuando hayamos llegado al año en curso, podremos ralentizar, citando más concretamente los meses y las semanas, y revivir cuando menos los acontecimientos de un día o dos antes de la fecha de llegada.

En este momento terminaremos el diálogo de la siguiente manera:

— «... Estamos en el día..., tú estás entre amigos... estamos haciendo un experimento de regresión en la memoria... AHORA TODAS LAS PUERTAS CON EL PASADO ESTÁN CERRADAS...
... Ahora voy a contar hasta 20, y a cada número tu sueño se irá haciendo cada vez más ligero.
... Cuando diga 20, abrirás los ojos y estarás completamente despierto.»

Empezamos a contar y a realizar pasos magnéticos de abajo arriba.

No debemos olvidar que, si el tiempo lo permite, tendremos que dar prioridad a un viaje de regreso más lento, para revivir de ese modo las imágenes más hermosas.

La hipnosis, en el fondo, es también un arte: volver a ver sus frutos es una cosa agradable y siempre útil.

Control de los datos facilitados por el sujeto durante la «regresión»

En la regresión de la memoria, hay que averiguar de vez en cuando si los datos facilitados por el sujeto son veraces, porque, como ya he dicho —inconscientemente—, podría inventarse cosas para complacer al hipnotizador.

Un tipo de control, además de lo de la correspondencia de una fecha con el día exacto de la semana al que hemos aludido, será el de hacer que el sujeto describa los juguetes utilizados u otros detalles que tengan que ver con el momento que la persona está reviviendo.

Si describe lugares y hechos, con frecuencia se puede —en un segundo momento— controlar y averiguar si las cosas relatadas corresponden a la realidad.

«Revivir» hechos traumáticos en la «regresión»

Es bueno tener en cuenta que cuando el sujeto describe momentos dolorosos de su vida, y los *describe con tristeza* o llorando, o mostrando de algún modo sufrimiento, significa que la persona *ha superado ya* esos momentos dramáticos, los ha vivido hasta el fondo auténticamente, y para él ya no representan motivo de tensión o de bloqueo emocional.

En cambio, cuando el mismo *describe* momentos que son de por sí de un cierto dramatismo, *con una actitud distanciada,* controlada, indiferente, significa que esos momentos *no los ha superado todavía,* sino que los ha quitado y arrinconado, y que siguen haciéndole sufrir, precisamente porque no los ha superado.

Cuando durante la sesión hipnótica emergen situaciones que el sujeto demuestra, precisamene, que no ha superado, el hipnotizador tiene que hablarle mucho, y decirle que las cosas que está recordando las está superando bien, que él se siente ya perfectamente calmo y tranquilo, que ha descargado perfectamente toda tensión, que estos hechos que le han hecho sufrir están lejos y ya sólo debe pensar en su presente, etc.

Hay que seguir dándole instrucciones positivas.

Recordemos que es imposible borrar los recuerdos del sujeto, lo que podemos hacer es ayudarle a revivir la experiencia con detalle —tras haberle adecuadamene reforzado el «yo»— y cambiando sus reacciones emocionales.

Si los recuerdos que hemos suscitado son recuerdos desagradables, le diremos que cuando se despierte los olvidará; en cambio, si son agradables, los recordará con claridad.

Resumen práctico para la «regresión de la memoria»

— El sujeto es conducido a la hipnosis profunda mediante el sonambulismo.
— Se llevan a cabo unos ejercicios preparatorios mediante órdenes poshipnóticas:
  — Hacer que olvide su nombre.
  — Hacer que olvide que sabe leer y escribir.
  — Hacer que olvide una determinada letra del alfabeto.
  — Hacer que posponga algunas letras en las palabras.
— Condiciones fundamentales:
  — Ambiente calmado, luces suaves, «ruido blanco».
  — A ser posible, quedarse a solas con él.
  — Recibir la aprobación previa del mismo para el experimento.
  — Disponer de, al menos, un par de horas de tiempo.
  — Comprometerse con el sujeto a:
    — No tocar fechas y episodios íntimos y reservados.
    — No revelar lo que ha oído.
— No revelarle hechos traumáticos antes de que pasen 2 semanas.
  — No operar en presencia de familiares.
  — Apuntar fechas de la regresión y hechos.
  — Grabar la sesión en magnetofón.
  — Quemar una barrita de incienso oriental.
— Después del sonambulismo, hacer que el sujeto se tumbe.
— Seguir con la profundización del sueño contando hasta 20.
— «Visualización del ascensor y del prado telepático.»
— Sugestiones positivas de bienestar.
— Ahora empieza la verdadera regresión:

«Ahora no pensemos más en el prado. Tú estás en esta habitación conmigo. Estás tumbado en este sofá. Ahora voy a contar hasta 20, y, a cada número, tu sueño se hará cada vez más profundo. Cuando diga 20, tu sueño será muy profundo. 1... 2..., etc.

Ahora vamos a hacer una regresión de la memoria. Irás retrocediendo despacio con la memoria desde hoy, y VERÁS COMO EN UNA PELÍCULA, poco a poco, toda tu vida hasta la infancia. Podrás hacerlo *fácilmente*, ya que tu memoria se va *ampliando* por momentos. Tu mente *se hace cada vez más aguda*, y tú podrás recordar con una facilidad cada vez mayor. Dentro de poco verás pasar tu vida como en una película de la que tú serás expectador. Ahora vas a empezar a viajar atrás en el tiempo con tu memoria.»
«Estamos en el día de ayer...
Son las...
¿Qué estás haciendo?...
Descríbelo...»
O bien:
«Son las...
del día...
¿Qué tiempo hace?...
¿Qué has hecho?...
¿Qué has comido al mediodía?...»

«... Puedes hablar con *facilidad* y en voz alta, mientras sigues durmiendo profundamente...».
«... Ahora estamos a hace 4 días...
... Ahora estamos a hace 6 meses...
... Ahora estamos a hace 1 año...
... Ahora estamos a 1º de octubre de 197... 197... etc...
... Ahora estamos en tu primer día de clase...»

— ¡Apuntar *todas las fechas* y los acontecimientos sobresalientes!
— Realizar controles:
  — «¿Qué día de la semana es?...»
  — Que describa juguetes.
  — Que describa hechos, circunstancias, lugares y otros detalles.
— Si el sujeto está atravesando algún *momento traumático*, se le dirá:

- «Serénate, este momento ha pasado. Tú te encuentras mejor; estás tranquilo y sereno. Estás bien, has superado bien este momento, que está lejos del presente: ya no ejerce ninguna influencia sobre ti.
Las cosas que estás recordando, las estás superando bien. Te encuentras estupendamente y estás sereno».
- Cuando nos acercamos a puntos que consideramos delicados, o a la primera infancia o al momento del parto, utilizaremos la siguiente expresión, por si acaso:
- «Ahora estamos en... DIME LO QUE RECUERDAS.»
Si no aparecen tensiones particuares, haremos que la persona se convierta de expectadora en protagonista:
- «... Estamos a..., tienes 3 años. Abre los ojos y, mientras sigues durmiendo, ponte sentado y dibújame una casa en este bloc».
- Si el sujeto no recuerda algo, o notamos que ha borrado algo de su memoria, podremos decirle:
  - «Esta noche vas a soñar sin miedo, sin temor y sin aprensión lo que ha ocurrido y lo que has hecho el día... del... Al despertar, lo recordarás con claridad, sin sentirte implicado emocionalmente, y te sentirás estupendamente y en equilibrio con la naturaleza.»
- ¡Cuidado con el día del nacimieno! Es un momento muy delicado, y más o menos es siempre traumático: tenemos que recabar informaciones antes sobre el momento del parto; decir de todos modos: «Dime lo que recuerdas... etc.» O bien podemos saltarnos completamente el día del nacimiento, y llegaremos así...
- A 6 días antes del nacimiento. Preguntaremos: «¿Qué recuerdas de esta fecha?... ¿Cuándo tuviste la primera sensación de existir?... ¿Qué sensaciones has probado?...»

Resumen práctico para la vuelta al estado actual

- Ahora, para volver al presente, hay que pasar otra vez por TODAS LAS FECHAS A LA INVERSA, lentamente:

- «Bien, estamos otra vez en el primer día de tu nacimiento... ...ahora estamos a... etc...»
- Detenerse en fechas que tengan acontecimientos agradables, y resumirlos. Ralentizar en los meses y en los días más cercanos al presente, y luego:
  - «Ahora estados de nuevo a... (fecha de hoy). Te encuentras tumbado en el sofá de mi casa, estamos haciendo un experimento de hipnosis y *tú te encuentras bien*, maravillosamene bien y en perfecto equilibrio con la naturaleza.
  TODAS LAS PUERTAS CON EL PASADO ESTÁN CERRADAS. Dentro de poco te despertarás y estarás perfectamente bien.
  Ahora voy a contar hasta 20, y, a cada número, tu sueño se irá haciendo cada vez más ligero. Cuando diga 20, abrirás los ojos, estarás totalmente despierto, *recordarás sólo las cosas agradables,* y las desagradables las olvidarás.
  Te sentirás magníficamente bien, calmo, tranquilo, relajado, descansado y en perfecto equilibrio con la naturaleza. 1... 2... etc.»
- Durante la cuenta, hay que realizar pasos magnéticos de abajo arriba.

Búsqueda de vidas anteriormente vividas

Con la técnica de la «regresión de la memoria» podemos hacer llegar al sujeto hasta 6 días antes de su nacimiento.

A partir de esta fecha, podemos conducirlo a una vida anterior a la actual, y podemos hacerle recordar los puntos importantes de esa vida anterior.

Llegamos al punto de poder establecer si una persona ha sido traumatizada en la vida anterior, y si en esta vida sigue arrastrando consecuencias negativas.

En ese caso, podemos oportunamente quitar este trauma que se ha reencarnado con el espíritu.

Modalidades para la búsqueda de vidas anteriores

Cuando con la «regresión de la memoria» hayamos llegado al sexto día antes del nacimiento, podemos proceder al estudio de las vidas anteriores, formulando la siguiente frase:

— «Ahora puedes ir aún más atrás, hasta el tiempo anterior a tu nacimiento.
Mira si consigues recordar ahora si has tenido ya experiencias antes de esta vida, y si encuentras una vida anteriormente transcurrida en este planeta.
La recordarás fácilmente. Puedes hacerlo con mucha facilidad, sin el menor esfuerzo...»

Dejamos que el sujeto escudriñe durante siete minutos aproximadamene, a continuación le preguntamos si recuerda su propia muerte, y le hacemos dar un salto atrás de algunos años.

No debemos nunca olvidar que el momento del nacimiento y el de la muerte representan siempre unos obstáculos que a veces resultan particularmente dramáticos, ¡por lo tanto hay que actuar con extremada prudencia. ¡En la duda, hay que saltarse esas fechas cruciales!

De ningún modo debemos dilatar ese período, excepto en otra sede y con FINES TERAPÉUTICOS, ya que recordar el momento de su muerte en la vida anterior, tiene para el sujeto el mismo significado de revivir realmente ese instante doloroso.

Vuelta al estado actual

Una vez terminada la averiguación, hay que volver al presente, dando grandes zancadas en el tiempo, haciendo que el sujeto se salte la fecha de su muerte y la de su nacimiento en esta vida.

Si la sesión se prolonga demasiado y quisiéramos continuarla, podemos dar la orden poshipnótica de volver a encontrarnos en la siguiente sesión inmediatamente en el punto al que habíamos llegado la otra vez, a continuación despertamos al sujeto.

Tenemos que recordar que no deberemos decirle enseguida al sujeto quién fue en su vida anterior: hay que dejar pasar por lo menos un día.

Con eso se pretende impedir que en el mismo se produzcan turbaciones y situaciones desagradables.

Mientras estamos realizando en el sujeto esta clase de experimentos de regresión, deberemos tener muy en cuenta que es importante analizar los sueños que tiene la persona.

Búsqueda en el futuro

Así como se puede regresar en el tiempo, se puede también precederlo, o *ver en el futuro*.

¡Esto, sin embargo, conlleva ENORMES RIESGOS para el sujeto!

Vamos a imaginarnos, por ejemplo, que una persona inmersa en un sueño hipnótico profundo revele la fecha de su propia muerte —cosa que es muy posible— y que el operador no consiga hacerle olvidar por completo dicha fecha.

No es difícil adivinar lo que sentirá el mismo, teniendo en cuenta que también el operador puede estar emocionado, aunque parcialmente implicado en ese caso.

Por lo tanto, si regresar al pasado puede ser muy útil bajo muchos aspectos, no lo es «casi nunca» entrar en el futuro.

La catalepsia

Respecto a la catalepsia, hemos dicho ya que se trata de una de las distintas fases de sueño, anticipando también que este experimento no presenta particulares utilidades prácticas.

Por lo tanto, hablaremos de ello más que nada para completar el tema.

La catalepsia consiste en la rigidez de toda la musculatura, hasta tal punto que el sujeto puede sostenerse, en línea horizontal, apoyándose tan sólo con el cuello y los talones.

Por esta causa, es absolutamente indispensable que la rigidez sea perfecta, para no provocar daños: la duración del experimento, además, se limitará a uno pocos minutos.

Modalidades para la catalepsia

Después de la levitación del brazo, y terminada la fase de profundización del sueño, haremos que el sujeto se levante, le obligaremos dar unos pasos de «sonámbulo» y, mientras hacemos pasos magnéticos sobre toda la persona, de arriba abajo, descargando a tierra y visualizando el aura y el color azul, daremos al mismo tiempo las sugestiones verbales adecuadas, como sigue:

— «Tus músculos se están insensibilizando. Todos tus músculos se insensibilizan mientras *todos tus órganos funcionan perfectamente**. Todos tus músculos se van insensibilizando progresivamente cada vez más.

Se insensibilizan cada vez más los músculos de los dedos de tus pies... los tobillos... las pantorrillas... los muslos... los músculos del tronco... mientras que tus *órganos internos* siguen funcionando normal y perfectamente... se insensibilizan los músculos de los dedos de las manos... las manos... los antebrazos... los brazos... los músculos del cuello... los músculos de la cara. Los músculos de todo tu cuerpo están rígidos, mientras que tus órganos internos funcionan perfectamente... etc.

---

* La orden de insensibilización de los músculos para la catalepsia actúa sólo sobre los *músculos voluntarios,* por lo tanto, el corazón seguirá latiendo normalmente, pero no está de más añadir que «tus órganos funcionan perfectamente», o bien «tu corazón y todos tus órganos internos siguen funcionando normal y perfectamente; únicamente tus músculos externos se insensibilizan».

Nos ayudaremos ahora con los pasos magnéticos y, con los músculos completamente rígidos, pediremos la colaboración de un asistente y colocaremos al sujeto de la forma clásica (entre los asientos de dos sillas).

Procuraremos luego conservar la rigidez continuando con los pasos magnéticos y, después de algunos minutos, volveremos a colocar al sujeto en posición vertical, iniciando la operación del despertar o continuando con otros experimentos, como, por ejemplo, el de la «insensibilización», como veremos más adelante.

Despertar del estado cataléptico

Para que el sujeto vuelva al estado normal, se procederá en sentido inverso, con sugestiones de relajación, bienestar, soltura de los músculos, terminando con la cuenta y los pasos magnéticos de abajo arriba.

El letargo

Después de la catalepsia, se puede llegar a una fase de sueño más pofundo, llamado «sueño letárgico».
En esta fase se puede:

— Hacer que los objetos sean más pesados.
— Ralentizar las funciones vitales.
— Modificar el pulso.
— Impedir que el sujeto aparte la mano de un objeto que ha cogido*.
— Insensibilizar totalmente al dolor.

Llevando a cabo uno de los experimentos que acabamos de enumerar, se consigue el estado letárgico.

---

* Esto se puede conseguir también con un sueño bastante ligero.

En el letargo se produce un bloqueo a nivel cerebral, que hace que, si hemos sugerido al cerebro de la persona que no puede realizar una determinada acción, éste no podrá realizarla. Por lo tanto, en la sugestión verbal, hay que introducir en la frase: «... TÚ NO PUEDES hacer "esto"...»

La insensibilización

Insensibilizar significa quitar el dolor, volver insensible una parte del cuerpo.

La insensibilización puede realizarse inmediatamente después de la catalepsia.

En ese caso, teniendo todavía ante nosotros al sujeto, de pie, completamente rígido y sumido en un profundo sueño, le soltaremos la tensión de los músculos con oportunas sugestiones, dejándole, sin embargo, un brazo rígido, que le haremos levantar formando un ángulo de 90º.

Sobre este brazo haremos el experimento de la insensibilización.

Pero la insensibilización se puede realizar también después de la «levitación del brazo».

En este caso, cuando el operador haya vuelto a llevar el brazo y la mano del sujeto al posabrazos de la butaca, hará que éste extienda un brazo con la mano cerrada en puño.

Sobre este brazo, el hipnotizador realizará el bloqueo, con sugestiones verbales y pasos magnéticos desde el hombro hasta la mano. El operador controlará el grado de rigidez alcanzado por el brazo de la persona, y, si no fuera suficiente, tendrá que insistir hasta que lo alcance.

Este grado de rigidez demostrará la profundidad alcanzada en el sueño hipnótico.

En este momento, el operador volverá a hacer uso de la sugestión verbal, diciendo que su mano (u otra parte del cuerpo del sujeto que se pretende insensibilizar) es insensible, completamente insensible, y así sucesivamente.

Seguiremos dando sesiones de anestesia a la mano (u otra parte del cuerpo).

Finalmente, el hipnotizador dirá: «Ahora, tu mano derecha (u otra parte del cuerpo) está completamente *insensible a todo estímulo*.»

A la vez que pronuncia estas palabras, el operador empezará a golpear la mano (u otra parte del cuerpo establecida), con una dureza cada vez mayor.

(Está claro que antes de comenzar el experimento, habremos estado explicando al sujeto este experimento de insensibilización, y preparándolo para el mismo).

Cogeremos un alfiler y lo esterilizaremos.

A continuación, intentaremos rozarle a contrapelo con el alfiler, y, si no se producen contracciones, estaremos seguros de haber alcanzado la insensibilización.

Entonces, el hipnotizador dirá:

— «Tu mano derecha está *completamente insensible* y *no sangrará* hasta que yo te lo diga, y *no tendrás sensaciones dolorosas ni siquiera después de* este experimento, al contrario, te sientes y te sentirás perfectamente bien, calmo y tranquilo.»

El operador se pondrá a pinchar sin que haya reacciones por parte del sujeto.

Aunque tropecemos con un vaso sanguíneo, no saldrá sangre; nuestra acción ha obtenido, en efecto, el doble resultado de producir la insensibilidad al dolor y contrarrestar la hemorragia.

(¡Se comprende la enorme importancia de ambos factores, por ejemplo, durante una operación quirúrgica!

En efecto, desde 1840 se vienen realizando extirpaciones y operaciones con la anestesia hipnótica.)

A continuación, el hipnotizador, siempre durante el sueño del sujeto, le dirá que *ya puede sangrar*.

Luego se le hará volver a la sensibilidad normal diciendo:

— «Tu sensibilidad está volviendo a la normalidad. Tu organismo *está reparando las heriditas* de tu mano, y las *defensas del organismo* están cicatrizando *rápidamente* estas pequeñas heridas.»

Para insensibilizar las *muelas*, podemos repasar el párrafo «La orden poshipnótica con la palabra-clave», en la página 135, así como el párrafo correspondiente, dentro del capítulo de la autohipnosis, más adelante.

Reacciones del sujeto a la insensibilización

Las personas pueden tener dos tipos de reacción a la insensibilización:

1) La sensibilidad que se quita de un determinado punto del cuerpo se distribuye uniformemente sobre toda la superficie del cuerpo; o bien.

2) Se anula la memoria o, mejor dicho, se aísla, y se interrumpe la información nerviosa, impidiéndole alcanzar el centro del dolor, cosa que haría desencadenarse el mecanismo de alarma.

La función del dolor

Consideramos necesario decir dos palabras sobre el «dolor físico». El dolor tiene la misión de hacer desencadenar el mecanismo de alarma dentro de nosotros.

Sin este timbre de alarma, el ser humano sería víctima de los accidentes más banales.

Con ello se produce la movilización de todas las defensas orgánicas. La alarma es general: física y psíquicamente, se desencadenan los mecanismos destinados a alejarnos de la causa de tanto dolor que, según su intensidad, nos señala la gravedad de la situación.

Por lo tanto, es preciso que este mecanismo se mantenga siempre eficiente, ya que es nuestra salvación.

En ciertos casos, sin embargo, hay que suprimir (o cuando menos suavizar) el «dolor físico».

La misma naturaleza —cuando, por ejemplo, a causa de un traumatismo grave, el dolor se hace insoportable para el físico— se encarga de que se produzca la pérdida del conocimiento.

Con la insensibilización hipnótica, como hemos dicho, podemos eliminar el dolor físico precisamente cuando éste es inútil, como ocurre durante una intervención quirúrgica (y esto sin recurrir a los anestéticos químicos, que siempre tienen efectos colaterales, en ocasiones graves).

Suavizar, o incluso eliminar el dolor, por ejemplo en los reúmas, en las artrosis (dolores en las articulaciones: en un hombro, etc.), además de suponer moralmente un gran alivio para el individuo —que volverá a descubrir la alegría de vivir—, facilita físicamente la curación.

Esto se produce porque la articulación, al dejar de doler, se sentirá estimulada a moverse.

Moviéndose, estimulará la circulación local de la sangre, que oxigenará perfectamente el tejido, depurándolo de toxinas, nutriéndolo y permitiendo la rápida reconstrucción o sustitución de los tejidos destruidos o dañados.

Eso acelerará el proceso curativo.

Transposición de los sentidos y sensibilidad

El ojo ve también los rayos ultravioletas

El ojo humano tiene la capacidad de ver los rayos ultravioletas.

Para obtener una demostración de lo que acabamos de decir, nos bastaría, en una noche estrellada o sin luna, contemplar una estrella y centrar nuestra atención consciente en la parte blanca (esclerótica) de nuestros ojos.

De ese modo podremos ver muchas otras estrellas que sólo se pueden percibir por su emisión en rayor ultravioletas.

La agudización de los sentidos

«La transposición de los sentidos» consiste en hacer que nuestros sentidos actúen por unos medios que no son normales.

Un ejemplo válido puede ser el de hacerle percibir a un sujeto los colores a través de las yemas de sus dedos.

Recordemos que con la hipnosis intensificamos las percepciones de todos nuestros sentidos.

Con una orden poshipnótica, llegará incluso a leer con facilidad palabras escritas con letras pequeñas y puestas a mucha distancia.

Lo mismo digo para la agudización de los sentidos del olfato y del oído.

Sin embargo, hay que tener en cuenta que estos experimentos *no deben* de ningún modo *durar mucho,* como máximo *4-5 minutos.*

Podemos, entre otras cosas, estimular en un sujeto la vista telescópica, macroscópica y microscópica.

En cuanto a las percepciones auditivas, el sujeto inicialmente percibirá sus propios ruidos internos.

La transposición del sentido de la vista

El experimento que sirve para realizar la transposición de los sentidos es particularmente interesante, tanto a nivel de estudio como de aplicación práctica.

Actuando sobre algunos sujetos en hipnosis profunda, podremos, por ejemplo, trasladar la vista de los ojos a los dedos, y en particular al DEDO MEDIO.

Se consiguen también resultados dignos de mención desplazándola a las mejillas, sobre todo a la parte alta de las mismas, ya que las células de esa zona son muy similares a las del ojo.

En algunas personas podemos obtener también reacciones positivas desplazando la vista hacia la nariz o hacia la frente.

Modalidades para la transposición del sentido de la vista

Una vez conducido el sujeto a un estado de hipnosis profunda, es decir, después del «sonambulismo» y una nueva profundización del sueño, nos dirigiremos a él en estos términos:

— «Ahora tu sentido de la vista se encuentra desplazado hacia la yema del dedo medio de la mano derecha.»

Las células de la yema del dedo indicado se habrán vuelto fotosensibles*.

— «Ahora te concentras, y tu sensibilidad visual quedará agudizada DURANTE 5 MINUTOS** y verás claramente con la yema de tus dedos.»

Por lo tanto, podrás decirme si el color que ves es un color cálido o frío...»

En este momento nos habremos encargado de poner bajo el dedo medio una carta o un tejido de algún color.

Los papeles de colorines para este experimento tendrán que ser de *papel no brillante,* cuyo tamaño óptimo es de 5 × 5 centímetros.

Dichas muestras de papel o de tela de colorines tendrán que ser pegadas sobre cartulina.

Para evitar que el sujeto perciba telepáticamente el pensamiento del hipnotizador, podremos utilizar una cestita de la que la misma persona irá cogiendo de una en una las distintas cartulinas de colorines, diciendo su color antes de que el operador lo vea.

Con un sujeto un poco entrenado, podremos hacer el experi-

---

* Cada célula tiene en sí misma la capacidad potencial de ejercer los 5 sentidos, ya que todas son iguales. La única diferencia está en que una célula, según el órgano al que pertenece, se ha especializado de manera diferente. Con la transposición, despertamos la sensibilidad adormecida que nos interesa.

** Repetimos que hay que determinar y fijar en la sugestión la duración de *4-5 minutos como máximo* para evitar posibles graves perjuicios al sujeto. En el tiempo fijado se pondrá en marcha automáticamente esta orden de levantamiento de la sugestión.

mento en el que la persona pueda percibir los colores a 20-70 centímetros de la muestra.

Esta prueba, sin embargo, se tendrá que realizar con *papel lúcido* para obtener un mejor reflejo del color.

La orden poshipnótica en la transposición de la vista

Se puede aprovechar además el sistema de la orden poshipnótica para continuar la prueba de la transposición de los sentidos en un breve plazo tras el despertar del sujeto.

En ese caso, diremos al sujeto que también cuando esté despierto, durante un tiempo limitado a minutos, estará en condiciones de reconocer los colores a través de la yema del dedo medio de la mano derecha.

Es obvio que en este caso procuraremos vendarle los ojos.

Macrovista y microvista

Como ya hemos dicho, con la hipnosis es posible también intensificar las percepciones de todos los sentidos.

Por ejemplo, aprovechando el sistema de la *orden poshipnótica,* podemos hacer leer a una persona cosas muy pequeñas y distantes. A continuación, tendremos que ayudar al sujeto a relajarse.

Hemos dicho también que podemos ver lo inmensamente pequeño y lo inmensamene grande: sin embargo, mientras la macrovista funciona con la luz, para la microvista hacen falta diferentes gamas de frecuencia.

Agudización del oído

Con más facilidad todavía podemos intensificar el oído: en este caso se trata, de hecho, de un músculo, y no de haces de músculos, como en el caso del ojo.

Podemos incluso cambiar la dirección del sonido: por ejemplo, tocar un timbre por un lado y hacer que lo oigan por el otro.

Por lo tanto, hay que actuar con delicadeza, me refiero a la *orden poshipnótica,* evitando que la activación dure más de 4-5 minutos: los primeros ruidos que el sujeto perciba, de hecho, serán los de sus propios órganos internos, y dicha sensación podría turbarle.

Visualización de los órganos internos y autodiagnosis

Con el mismo sistema puesto en marcha para la visualización de los colores, podemos obtener la visualización de los órganos internos.

De hecho, se conduce al sujeto hacia una fase bastante profunda de la hipnosis, y después se le dice que mire a sus propios órganos internos y los describa.

Unos instantes después, estará preparado para describir con detalle los distintos órganos internos que verá con su color natural; podrá definir su grado de funcionamiento y su estado de salud.

Si se lo preguntamos, será capaz de decirnos si hay algo que no funciona en el organismo, cuáles son los órganos que funcionan mal y por qué.

Es decir, estará en condiciones de llevar a cabo un diagnóstico clínico, tanto físico como psíquico, extremadamene cuidadoso y exacto.

Resumen general para el modo de conducir una sesión hipnótica

PROCEDIMIENTO

— Respiración y relajación; prueba del brazo sobre el índice.
— Caídas: hacia atrás, hacia adelante, con los ojos cerrados y abiertos.
— Atadura de las manos.

- bloqueo ocular y/o pasos magnéticos AB.
- Asentamiento: contar hasta 20.
- Levitación del brazo.
- Profundización: contar hasta 20.

- Sonambulismo.
- Profundización: contar hasta 20.
- Visualización del prado.

- Sugestiones negativas con ORDEN DE LEVANTAMIENTO:
- Ejecución durante la hipnosis.
- Ejecución poshipnótica.
  - Muro invisible.
  - Estimular la sed.
  - Miedo al dentista.
  - Exámenes, pruebas etc.
- Olvidar el nombre.
- Olvidar que se sabe escribir.
- Olvidar que se sabe leer.
- Olvidar algunas letras.
- Regresión de la memoria.
- Orden de rehipnotización rápida.

- Bloqueo sobre la silla.
- Bloqueo del brazo.
- Otros bloqueos. (LENGUA EXCLUIDA).

- Insensibilización.
- Catalepsia.
- sugestiones positivas de bienestar, activación de las defensas orgánicas.

- Transposición de los sentidos. (Duración 5 MINUTOS):
- Colores con los dedos.
- Macrovista.
- Microvista.
- Agudización del oído.
- Visualización órganos internos y autodiagnosis.

12ª LECCIÓN

La autohipnosis: otras posibilidades para el operador

La autohipnosis es un estado de la mente que nos permite tener un control único sobre nuestros procesos mentales, nuestras emociones y nuestras actitudes.

La autohipnosis nos permite centrar nuestra atención en lo que queremos, estar calmos y serenos, concentrados, vigilantes, con la mente despejada, totalmente ocupados en la actividad mental que hemos elegido, absolutamente libres de interferencias externas y de pensamientos insignificantes.

La autohipnosis puede ayudarnos a:

— Superar nuestros exámenes.
— Desarrollar o abandonar ciertos hábitos.
— Librarnos del dolor.
— Aprender técnicas que sirvan para la diversión, tales como: aprender a dibujar, pintar, escribir un libro, tocar la guitarra, bailar, esquiar, escalar montañas, pilotar planeadores, etc.

El hecho mismo de participar en un curso de hipnosis, pone al operador en condiciones de llevar a cabo un proceso de autohipnosis continuada.

De ese modo, dándose cuenta de la existencia de los condicionantes, su libertad de acción aumenta: y ésta es ya una ventaja nada despreciable.

Además, hay algunas pruebas prehipnóticas que uno puede practicar sobre sí mismo (la del brazo, la caída hacia atrás); pero sobre todo, el operador podrá realizar controles, y hasta pequeñas modificaciones, en su propio físico, utilizando la orden mental.

Ya hemos anticipado algo de estas posibilidades en la 5ª lección, página 61.

En dicha lección hemos explicado cómo:

— Controlar el latido del corazón y la temperatura del cuerpo.
— Suscitar corazones suplementarios.
— Depurar sus propios pulmones.
— Realizar sobre uno mismo la prueba de la relajación del brazo sobre el índice, y la de la caída hacia atrás.

Podemos también realizar sobre nosotros mismos la levitación del brazo.

En la 11ª lección hemos aludido también (a propósito de las sugestiones negativas con órdenes poshipnóticas), a las *palabras-clave* para el autocondicionamiento.

En esta lección vamos a aprender otras técnicas que nos permitirán aventajarnos en muchas cosas.

Vamos a explicar, en particular:

— La técnica para tener un sueño intenso acelerado.
— La técnica para descansar en un tiempo muy breve.
— La técnica de insensibilización rápida en casos de socorrismo.
— La técnica para la insensibilización de la zona dental.
— La técnica del control del miedo o de la adrenalina.
— La técnica para aumentar la fuerza física.
— La técnica en caso de mordedura de víbora.
— La técnica para aumentar la memoria.

El sueño «intenso» acelerado

Hay situaciones de fuerza mayor que pueden imponernos a veces una jornada laboral particularmente intensa, de forma que practicamente tengamos que empalmar con la noche...

Si luego, a la mañana siguiente, nos espera una prueba difícil, corremos el riesgo de presentarnos a la cita en condiciones no precisamente ideales.

El sueño «intenso» acelerado es esa técnica especial que nos consiente, en determinadas condiciones, dormir muy poco, y a pesar de eso estar en forma y descansados.

Esta técnica hay que usarla con mucha parsimonia, sólo en casos de verdadera necesidad.

Podemos recurrir a ella no más de 2-3 veces al mes como máximo.

Además, en cuanto sea posible, en las noches siguientes es preciso recuperar todo el sueño natural que a la fuerza hemos perdido.

Nuestro organismo tiene derecho a renovarse.

¡No debemos olvidar que nuestro cuerpo y nuestra mente son maravillosos, pero tenemos que usarlos con juicio!

Técnica para un sueño «intenso» acelerado

En primer lugar, tenemos que tumbarnos y separar ligeramente brazos y piernas.

A continuación, empezaremos a respirar rítmica y profundamente durante unos minutos, para obtener la relajación máxima.

Para facilitar dicha relajación, tenemos que visualizar una ola azul que suba desde nustros pies y atraviese nuestro cuerpo.

(Hemos dicho que lo atraviesa, porque tenemos que estar relajados no sólo en superficie, sino también en profundidad, de la manera más completa posible).

Tendremos que imaginar que esa ola azul, conforme va subiendo hacia nuestra cabeza, relaja los distintos músculos que va atravesando.

Una vez conseguida la relajación, nos dirigiremos mentalmente a nosotros mismos y, llamándonos por nuestro nombre, nos haremos un pequeño sermón, más o menos como el siguiente:

— «Ahora (nombre), puedes dormir tranquila y profundamente.
A ias... te despertarás y estarás muy bien... te encontrarás perfectamente descansado, porque te habrás beneficiado de un *sueño* DOS VECES Y MEDIA MÁS INTENSO que el normal.»

A la hora establecida, nos despertaremos puntualmente, con precisión cronométrica, ya que dentro de nosotros hay un reloj biológico de gran precisión.

Además, observaremos que, en el momento en que abramos los ojos, estaremos completamente despiertos, sin ningún rastro de somnolencia o cansancio.

Descansar en un tiempo muy breve

Esta técnica no puede *ni debe* estar combinada con la anterior.
La tendremos, por lo tanto, como una alternativa a la técnica «para un sueño intenso acelerado».
La técnica «para un descanso en un tiempo muy breve», será un método excelente para uilizarlo en los exámenes, pruebas, oposiciones, etc., ya que permite un sueño acelerado: UN MINUTO de este sueño CORRESPONDE A VEINTE MINUTOS de sueño natural.
También esta técnica hay que utilizarla lo menos posibe, y sólo en casos de necesidad.

Técnica para descansar en un tiempo muy breve

En primer lugar, hay que tumbarse, separando ligeramente piernas y brazos.
Respirar lenta y profundamente, relajándose del todo.
A este respecto, será muy útil, aquí también, imaginar la ola azul

que sube, a través de nuestro cuerpo, y va relajando todos los músculos que toca.

Cuando estemos perfectamente relajados, nos dirigiremos la palabra a nosotros mismos, como si habláramos a otra persona, y diremos:

— «Ahora, querido (nombre), puedes dormir tanquilo, y UN MINUTO de sueño EQUIVALDRÁ A VEINTE MINUTOS de sueño natural.
A las... te despertarás y te encontrarás muy bien.»

También en este caso nos despertaremos exactamente a la hora fijada, perfectamente descansados.

Insensibilización

De la insensibilización hemos hablado abundantemene en la 11ª lección.

Técnica de insensibilización rápida en caso de socorrismo

En el caso en que seamos víctimas de un accidente con lesiones más o menos graves en nuestra persona, en primer lugar es indispensable mantener la máxima calma.

En cualquier situación, tenemos que distanciarnos totalmente de todo cuanto nos rodea; recogernos, en lo posible, en nosotros mismos, y relajar todo nuestro cuerpo.

A continuación, nos dirigiremos la palabra a nosotros mismos diciendo:

— «Ahora, querido (nombre), la zona de tu brazo derecho (por ejemplo), que tú delimites está insensible.
La zona de tu brazo derecho que va desde el codo hasta la muñeca (por ejemplo), está completamente insensible al dolor.
Está completamente insensible a cualquier estímulo mientras tú quieras.»

Al mismo tiempo, en efecto, delimitaremos la zona a insensibilizar con la punta del dedo, trazando un círculo imaginario sobre la piel.

A continuación, hay que «pasar» la mano sobre la parte (siempre que sea posible alcanzarla con la mano), sin rozarla.

En pocos instantes, la parte quedará totalmente anestesiada.

Técnica para la insensibilización de la zona dental

Hemos hablado ya, en la 11.ª lección, de la insensibilización de la zona dental con orden poshipnótica.

Para dicha insensibilización, conviene preparar la fórmula necesaria con la palabra-clave, siguiendo las instrucciones de las que hablaremos en los próximos párrafos: «Fichas mentales y utilización de la palabra-clave», así como «Técnica para aumentar la memoria».

Para una insensibilización rápida, en cambio, podemos aplicar LA IMAGEN DE LA SANGRE QUE DEFLUYE rápidamente de nuestras muelas, y de ese modo se retira, llevándose también el dolor.

Control de la adrenalina, es decir, del miedo

El estímulo del miedo introduce en la sangre grandes cantidades de adrenalina.

Es la alarma general: todas las defensas orgánicas están completamente despiertas; todos los músculos están tensos hasta el paroxismo, preparados para la fuga o para una desesperada y última defensa.

Éste es, en breve, el mecanismo del miedo.

Debido al miedo, tomamos las decisiones más ilógicas y desesperadas, no aprovechamos racionalmente nuestras fuerzas y posibilidades, al contrario, las desperdiciamos.

A menudo el miedo nos paraliza literalmente, nos bloquea.

El miedo es un instinto natural de conservación —para que no corramos riesgos inútiles— que, si es «razonable», se transforma en una prudencia normal y sana, lo que ocurre es que la mayoría de las veces es injustificado.

Sin temor a equivocarnos, podemos tranquilamente afirmar que el 90 % de nuestros miedos es del todo gratuito: no son más que autosugestiones negativas que, obviamente, nos cortan las alas.

El 10 % de miedo restante, que es realmente justificable, resulta ser muy poquita cosa, porque razonablemente, puesto en su verdadera dimensión, se puede afrontar y superar con éxito.

Consideramos que esta premisa sobre el miedo es indispensable para darnos cuenta de que el control de la cantidad de adrenalina en la sangre —que, repetimos, es un producto del miedo— es muy útil para conservar la «sangre fría», sobre todo en situaciones de emergencia, cuando hacen más falta los llamados «nervios de acero».

No hay que olvidar que los animales huelen cuando un ser humano tiene en su sangre la adrenalina, que identifican con el miedo.

Por lo tanto, instintivamente, saben cuando el ser humano les tiene miedo, y en ello encuentran un formidable punto de fuerza.

De ello se deduce que, si la adrenalina no entra en la sangre, el animal no percibe que el ser humano tiene miedo; por otra parte, éste no tendría miedo si la adrenalina no entrara en su sangre.

Por consiguiente, si el ser humano está en condiciones de controlar su flujo, dominará su propio miedo.

Por lo tanto, si controlamos la adrenalina en nuestra sangre, y al mismo tiempo usamos, hacia el animal, la técnica de la «mirada fija», será el animal quien tenga miedo de nosotros: ¡se marchará con el rabo entre las piernas!

Esta técnica ha resultado ser excelente para repeler los ataques de las fieras.

Técnica para el control del miedo o de la adrenalina

Para controlar la cantidad de adrenalina en nuestra sangre, tenemos que hacer algunas respiraciones lentas y profundas.

A continuación, hay que *pensar que la adrenalina* NO ENTRA EN LA SANGRE.

Aumentar nuestra fuerza física

Si fuera necesario un repentino esfuerzo físico más allá de nuestras capacidades, podríamos utilizar una técnica especial que aumenta nuestra fuerza física HASTA EL DOBLE DE LO NORMAL.

¡Pensemos en la fuerza que podemos explotar si, por ejemplo, acabamos con el coche en un foso, o si necesitamos una fuerza excepcional para sacar de los hierros retorcidos de un coche a algún desventurado que ha tenido un accidente!

Tampoco debemos abusar de esta técnica, y utilizarla sólo en casos de auténtica necesidad.

Técnica para aumentar nuestra fuerza física

Se hace una *respiración profunda y* RÁPIDA, y al mismo tiempo hay que *pensar en segregar adrenalina* dirigida a los músculos a los que se requiere el esfuerzo (por ejemplo: brazos, espalda, piernas), ya que obtendremos mejor resultado si conseguimos dirigirnos sólo a los músculos concretos o a los grupos de músculos que van a tener que realizar el esfuerzo.

Hay que tener en cuenta que el aumento de la fuerza física tiene como efecto una DURACIÓN MÁXIMA total de SIETE MINUTOS.

Para aprovechar mejor este tiempo disponible, podemos repartir los tiempos de esfuerzo requerido de la siguiente manera:

— Durante 3 minutos, emplear la fuerza de los músculos interesados.
— Durante 3 minutos, descansar haciendo una respiración profunda y RÁPIDA.
— Durante 3 minutos, volver a emplear la fuerza.
— Durante 3 minutos, descansar y respirar hondo y rápido.
— Durante 1 minuto, volver a emplear nuestra fuerza restante disponible.

De ese modo, la distribución de fuerzas y energías será mejor, más eficaz y racional.

Técnica que hay que utilizar en caso de mordedura de víboras

En caso de mordedura de víbora, y en espera de que se pueda acudir a una terapia específica y oportuna, como la aplicación de hierba viperina o una inyección de suero antivíbora, podemos utilizar eficazmente esta técnica para impedir la difusión del veneno en la sangre, aplazando de ese modo sus efectos mortales.

Por lo tanto, dirigiremos nuestro pensamiento a la herida, con la orden mental de HACER QUE DERRAME abundante SANGRE, para que de ese modo expulse la mayor parte del veneno.

Al mismo tiempo, daremos la orden mental al corazón de *acelerar el latido* SIN ADRENALINA, *a la vez que crearemos un corazón secundario encima* de la mordedura de la víbora.

Si fuéramos presa del pánico, hay que eliminarlo por todos los medios, porque, como ya hemos dicho, introduciría fuertes cantidades de adrenalina en la sangre, y esto aceleraría la difusión del veneno mortal.

Para dominar, en ese caso, dicho miedo, haremos inmediatamente una relajación y, creando un corazón secundario, nos imaginaremos que el corazón central ralentiza sus latidos.

De ese modo, se reabsorbe la adrenalina en círculo, fruto precisamente del miedo.

Las fichas mentales y la utilización y función de la palabra-clave

Ciertas técnicas autohipnóticas funcionan gracias a una «palabra-clave» que, como cuando se da una orden poshipnótica, desencadenan un determinado mecanismo.

Cada ficha mental que pretendamos introducir en nuestra memoria, para modificar, por ejemplo, algunos aspectos de nuestro carácter, llevará una palabra-clave concreta.

La «palabra-clave» consiste en un término elegido por nosotros, y utilizado lo menos posible, un término que nos agrade y que no conozca nadie más.

(Podrá ser, por ejemplo —para una determinada ficha mental— el anagrama de nuestro nombre.)

Esta palabra-clave tendremos que apuntarla cuidadosamene en un cuadernillo reservado, con la función al lado del mecanismo concreto para el que sirve.

Es necesario recordar que, cuando el mecanismo de explosión de la ficha mental se ponga en marcha, pronunciando un determinado número de veces la «palabra-clave», al terminar de utilizar el contenido de la «ficha» misma hay que cerrar el circuito pronunciando una vez la misma «palabra-clave».

De ese modo, no se corre el riesgo de dejar «la radio encendida» y, por lo tanto, hacer que «se gasten las baterías».

Por lo que respecta la fórmula de la ficha mental, conviene que, antes de definirla, pongamos por escrito cuáles son los aspectos de nuestro carácter que queremos modificar, y por qué.

¡Para hacer esto, es obvio que antes tendremos que describir cómo somos, aunque esto la mayoría de las veces no nos guste! A continuación, tendremos que escribir cómo quisiéramos ser, y, por lo tanto, establecer que cada vez que pronunciemos dicha palabra-clave se producirá la mutación deseada.

Es indispensable que la ficha mental a introducir sea sencilla, clara en sus términos, breve.

De ese modo, tendrá un efecto mejor y más inmediato.

Para un ejemplo práctico explicativo, véase el párrafo siguiente, referente a la «técnica para aumentar la memoria».

Técnica para aumentar la memoria

La sencilla técnica que vamos a explicar podría ser muy útil para modificar algunos aspectos de nuestro carácter, como, por ejemplo: adquirir una mayor seguridad y confianza en nosotros mismos, ser menos aprensivos, mejorar determinados reflejos, leer de prisa, tener un mayor control de nuestras reacciones, etc.

Esta técnica sencilla —de la que, por supuesto, no debemos abusar— UTILIZA COMO MEDIO NUESTRO SUEÑO natural.

Por la noche, cuando nos acostemos, nos relajaremos completamente con la técnica de la ola azul que, partiendo de los pies, atraviesa nuestro cuerpo, toca los distintos músculos y los relaja.

Al mismo tiempo, se hará la respiración lenta y profunda.

A contiunuación —POR TRES NOCHES consecutivas— nos repetiremos mentalmente y con claridad la ficha mental que queramos introducir en nuestro inconsciente, y que éste asimilará totalmente durante la noche.

Un ejemplo práctico de ficha mental para la memoria puede ser el siguiente:

— «Querido (nombre), ahora escúchame bien: cuando ponuncie por tres veces la "palabra-clave" ...., tu mente se hará cada vez más activa.
Cuando pronuncies una vez la «palabra-clave».........., se cerrará el circuito.»

De vez en cuando —generalmente una vez cada mes y medio— hay que reforzar la «palabra-clave» y la ficha correspondiente, apuntando en un cuadernillo la fecha de cuándo se ha realizado el refuerzo.

Conviene recordar que las noches en las que se introduce una determinada ficha mental, no hay que introducir ninguna otra ficha para no crear peligrosas confusiones en nuestro inconsciente.

Hay que tener en cuenta que, al utilizar la palabra—clave para disparar la ficha mental del aprendizaje rápido y potenciado por parte de la memoria, hay que seguir el procedimiento siguiente:

— Respirar hondo.
— Repetir tres veces la «palabra-clave».
— Estudiar DIEZ MINUTOS.
— Pronunciar una vez la palabra-clave para cerrar el circuito.
— Descansar, respirando profundamente, durante unos minutos.
— Volver a repetir con los mismos tiempos de antes, alternándolos.

Es importantísimo respetar escrupulosamente este intervalo, para no recalentar nuestros «circuitos».

Cuando más tarde tengamos que echar mano de las nociones asimiladas, repetiremos sencillamente, por tres veces, la palabra, sin olvidarnos de cerrar «el depósito» una vez que la necesidad ha terminado: y también en este caso NO DEBEREMOS SUPERAR el límite de UNA HORA.

Otras posibilidades con las palabras-clave

Con el sistema de las «palabras-clave», y procurando, como hemos dicho, utilizar palabras diferentes para usos distintos, el operador podrá buscar otras alternativas, a saber:

Podrá adquirir seguridad, podrá mejorar sus reflejos, podrá hacer todas las cosas lícitas que quiera, como ya hemos dicho anteriormente.

La oportunidad está allí: siempre y cuando se actúe con prudencia.

El viaje astral

El «viaje astral» resulta más fácil mediante la hipnosis. Por este motivo, vamos a hablar de ello aquí, aunque sea con brevedad.

¿Qué es el viaje astral?

Hablando desde el punto de vista de la parapsicología, «el viaje astral» es ese fenómeno por el cual, mientras el cuerpo físico de una persona permanece acostado en la cama, su mente, su yo, su esencia cognitiva, su parte inteligente, la que siente conscientemente, se despega, se eleva y se desplaza de su cuerpo.

Hay que recordar que la primera vez que uno sale de su cuerpo, debe limitarse a alejarse no más de dos o tres metros de su cuerpo, y durante la segunda y la tercera salida debe permanecer en la habitación donde se encuentra su cuerpo.

Técnica de realización del viaje astral

Nos acostamos, después de haber cerrado nuestra habitación con llave.

En la habitación no deberá haber nadie, ni ser humano ni animal.

Tendremos que procurar que nadie nos moleste bajo ningún concepto.

Nos llenamos los pulmones, respirando por la nariz, y expulsamos el aire a través de la boca.

Seguimos haciéndolo rítmicamente, luego relajamos nuestro cuerpo desde los pies hasta la cabeza, imaginando que es recorrido por una ola azul.

Hay que tener los pies y los brazos ligeramente separados, y empezar a pensar en salir de nuestro cuerpo, empezando por la cabeza, haciendo presión en los pies.

Cuando estamos en vertical, permanecemos unidos al cuerpo físico mediante una especie de cordón umbilical que funciona como un «hilo de Ariadna» para el regreso.

El color del cordón indica también, cuando tiende a variar o a debilitarse, que tenemos que regresar cuanto antes al cuerpo físico: operación que se realiza haciendo exactamente el recorrido inverso.

Es importante —las primeras veces— no quedarse fuera durante más de 3-5 minutos, que también se pueden controlar por medio de un despertador que tengamos encima de la mesilla de noche.

Recuerde que no tiene que llevar encima objetos metálicos. Es bueno, además, orientar el cuerpo sobre el eje norte-sur: la cabeza al norte, los pies al sur.

Al regresar, tendremos una sensación de frío, y cuando volvamos a controlar nuestro cuerpo tendremos que imaginar que por nuestro cuerpo corre una ola roja o naranja.

Hipnosis directa o por contacto

En la novena lección hemos hablado ya teóricamente de esta técnica particular.

Esta técnica para inducir en estado hipnótico a una persona, directamente o por contacto, se realiza del modo que vamos a describir ahora.

El operador cogerá la mano del sujeto, que estará preferentemente acostado.

Al mismo tiempo, el hipnotizador respirará honda y lentamente, poniéndose de ese modo en sintonía con el sujeto, y pensará intensamente que la persona se queda dormida.

Si quiere, el operador puede ayudarse con la técnica de la «fijación». En ese caso, sin embargo, tiene que tomar entre sus manos las dos manos del sujeto.

En el supuesto de que hubiera varios sujetos a hipnotizar, podemos hacer que nos ayude un sujeto que hayamos ya hipnotizado anteriormente.

En este caso, haremos sentar a la persona que ya está en estado hipnótico, junto a los sujetos a hipnotizar, haciendo que les dé la mano. Eso facilitará la inducción en los componentes de la cadena.

Telehipnosis

Con la telehipnosis, o inducción hipnótica a distancia, el operador entrega sus mensajes a las alas del pensamiento, superando todo tipo de fronteras: no existen límites de distancia.

La acción telepática actúa sobre el aura del sujeto y no sobre sus terminaciones nerviosas.

Se trata de una técnica fascinante, y también muy útil, que permite intervenciones urgentes: por lo tanto, vale la pena someterse al indispensable aprendizaje para adquirir la práctica necesaria.

Este tipo de experimentos exige la máxima concentración por parte del operador, a fin de que su acción pueda desarrollarse con seguridad, y le permita incluso transmitir su misma tranquilidad de espíritu al sujeto.

Además, habrá que empezar desde una distancia cercana, por ejemplo, con el sujeto en la habitación de al lado, para estudiar sus reacciones, analizando tiempos y comportamiento.

Preparación del experimento de telehipnosis

Una vez hecha la elección del sujeto, que por supuesto estará de acuerdo y que, además, habremos «conocido» ya en otras sesiones hipnóticas, le haremos sentarse en una cómoda silla, o en una butaca, procurando observar bien la mayor cantidad posible de detalles de su aspecto, de su postura y del ambiente inmediato que le rodea.

Antes de dejarle, para irnos a la habitación de al lado, encargaremos a uno de los presentes que, con toda discreción para no despertar curiosidad, apunte todas las reacciones del sujeto.

Nuestro asistente tendrá incluso el encargo de venir a informarnos en cuanto el sujeto empiece a quedarse dormido.

Modalidades para llevar a cabo el experimento de telehipnosis

Ahora estamos solos en la habitación y, en primer lugar, tratamos de reproducir, como en un cuadro de tamaño natural, la imagen de nuestro sujeto y el marco ambiental.

Este trabajo nuestro quedará simplificado si nos ponemos materialmente delante de una silla, sobre la que construiremos la imagen de la persona: será aún más fácil si utilizamos un fotografía, que colocaremos encima de la silla.

Ya podemos empezar.

Enviamos entonces al sujeto pensamientos de serenidad, para mejorar su relajación, tratando de orientarlos con precisión hacia el punto de la habitación que ocupa el sujeto, para abrir un verdadero canal de comunicación.

Es aconsejable incluso susurrar las palabras de estos pensamientos nuestros (sin menguar su intensidad mental) para crear en nosotros mismos un estado emotivo que podrá facilitar notablemente nuestra transmisión.

Continuamos después con una verdadera hipnosis, realizando el bloqueo ocular, impartiendo siempre las órdenes en voz baja, como si el sujeto estuviera ante nosotros, ya que, para nosotros, él está realmente sentado en la silla que estamos viendo, o que hemos construido mentalmente.

Podremos decir que el experimento ha tenido éxito, tanto si el sujeto ha ejecutado efectivamente nuestras órdenes, como si piensa haberlo hecho.

Recordemos que la hipnosis, cuanto más lenta es, más segura, y tengamos en cuenta, además, que, con la telehipnosis, los tiempos son distintos con respecto al tiempo tradicional.

En efecto, si bien la recepción de nuestra sugestión es inmediata, la EJECUCIÓN de nuestras órdeness se produce CON UN RETRASO DE UN MINUTO APROXIMADAMENTE, es decir, el tiempo necesario para que la idea sea aceptada por el inconsciente del sujeto, elaborada y transmitida a su conciencia.

Por lo general, el sujeto tarda en dormirse unos tres minutos: si en la otra habitación tenemos un «asistente», él se encargará de advertírnoslo y, a partir de ese instante, podremos iniciar con tranquilidad la acción de profundización del sueño.

Hay que tener en cuenta también que, si nosotros mismos ejecutamos un determinado movimiento que hemos ordenado al sujeto, éste lo ejecutará con más facilidad: así, por ejemplo, si decidimos hacerle caminar para profundizar el sueño (y haremos que le siga, como siempre, el «asistente»), deberemos dar nosotros mismos algunos pasos.

En definitiva, hay que tratar de penetrar en el cuerpo del sujeto.

El operador es libre de programar sus experimentos de telehipnosis, graduándolos sobre la base de la predisposición de los sujetos.

Dejemos que el operador programe sus experimentos de telehipnosis, graduándolos a partir de la predisposición de los sujetos.

No obstante, quisiéramos decirle que, ni siquiera al comienzo, deberá pensar nunca «es la primera vez que lo hago»: simplemente, tendrá que hacerlo.

En efecto, toda fuerza mental tiene las características que queramos atribuirle: y nosotros, desde el principio, la enmarcaremos en la inmensidad de lo «casi-real», donde pueda nacer libre, infinita, poderosa.

Las sensaciones del sujeto durante la telehipnosis

Durante la telehipnosis, el sujeto revelará las siguientes sensaciones:

— Tendrá la sensación de un ligero calor en los ojos.
— Advertirá una especie de murmullo muy tenue dentro de su cabeza.
— Percibirá una sensación de bienestar y relajación general.

13.ª LECCIÓN

La hipnoterapéutica: otros campos de intervención, y pequeñas terapias hipnóticas

La hipnosis se puede utilizar perfectamente como terapia:
— A nivel de socorrismo, o
— Para acelerar el proceso de las enfermedades.

La mayoría de las enfermedades tiene un origen psicosomático, por eso la probabilidad de contraer una enfermedad aumenta en proporción a nuestro miedo que, de ese modo, hace de sintonizador.

De ello se deduce lo importante que es TENER SIEMPRE PENSAMIENTOS POSITIVOS, ya que con nuestra actitud mental equivocada influimos negativamente en nuestras funciones orgánicas, y por consiguiente damos lugar a múltiples enfermedades psicosomáticas.

¡Los enfermos de cáncer han aumentado de una manera espantosa, por ejemplo, desde que se ha extendido el miedo a esta enfermedad!

Resulta evidente, por lo tanto, el papel que la hipnosis puede desempeñar en gran número de casos; en muchos otros, se utilizará sólo cuando haya una emergencia, precisamente para evitar que, al eliminar la sintomatología, se pueda crear confusión repecto al tratamiento más adecuado.

En un accidente de carretera, por ejemplo, atenderemos al herido en sus primeras necesidades, limitando la duración del efecto hipnótico al tiempo indispensable para un tratamiento de urgencia más completo.

En cambio, es muy válida la hipnosis para acelerar el proceso de curación de las enfermedades, la calcificación de una fractura, la cicatrización de una herida, ya que está dirigida a despertar y concentrar las defensas de la psique humana.

El «aura» y la enfermedad

Hemos aludido ya a las características del «aura» en la novena lección, a popósito de la «técnica con los pasos magnéticos».

Vamos a volver un poco a este tema, para referirnos a los colores del aura en relación con el estado de salud del sujeto.

Cuando un sujeto goza de buena salud, su aura tiene un color uniforme, azul o verdoso, mientras que, cuando la persona está enferma, su aura, en el punto debilitado, adquiere un color rojo.

Para que el sujeto se cure, hay que uniformar su aura enviándole telepáticamene algo de color azul.

Aliviar el dolor con la «pranoterapia»

Es bueno tener en cuenta que el operador no debe abusar de la «pranoterapia»: por lo general, no se debería hacer más de una al día.

Otras precauciones: con este método hay que tratar sólo las enfermedades de los familiares, y, si se trata de tumores, no hay que hacer absolutamtne nada: ¡podría ser contraproducente, tanto para el sujeto como para el hipnotizador!

Modalidades de la aplicación «pranoterápica»

Mantener las manos sobre la parte dolorida del familiar, a 5-6 centímetros de distancia de su piel, durante 15-20 minutos.

Al mismo tiempo, operador y enfermo deberán respirar profunda y lentamente.

El operador, al respirar, pensará que la energía positiva sale de sus manos y se dirige hacia la persona.

Para quitar el dolor, deberemos imaginar que absorbemos el color rojo. Para proporcionar prana, energía, hay que imaginar que damos color azul.

En efecto, con el azul se enriquece el aura.

Asimismo, habrá que enviar color azul para aliviar el dolor de un órgano profundo.

Esta terapia se puede aplicar también a lo niños, con excelentes resultados.

Cuando la apliquemos sobre los adultos, nos ayudaremos con la sugestión verbal, más o menos así:

— «Tu mal se aleja cada vez más. Te sientes mejor por momentos. Cuando quite las manos, te encontrarás estupendamente... ya estás mejor... empiezas a sentirte perfectamente bien... mira, ahora estás francamente bien...»

De qué modo el operador tiene que descargarse de la energía negativa acumulada

Cada vez que el operador lleve a cabo tratamientos pranoterápicos, tendrá que tener presente que, así como ha cedido energía al enfermo, ha absorbido del mismo energía negativa.

Por lo tanto, tendrá que procurar descargarla debidamente, para no padecer sus efectos deletéreos.

Uno de los sistemas para descargarse rápidamente y con seguridad, consiste en meter las manos en agua corriente durante 3-4 minutos, pensando al mismo tiempo que la energía negativa salga de la yema de los dedos.

Otro sistema para descargarse es el de posar los pies descalzos en el suelo durante un minuto, entre terrones recién revueltos.

Con esta operación se encuentra el contacto magnético con la tierra.

De ese modo, la persona carga baterías para una semana, y su fuerte tensión nerviosa se descarga a tierra.

Sugestiones positivas terapéuticas

Como hemos dicho en otro momento, podemos intervenir con la hipnosis para activar las defensas orgánicas, o bien para menguarlas, según las circunstancias.

En ese caso, depués de la «visualización del prado», es decir, con el sujeto en hipnosis pofunda, se darán las sugestiones oportunas, que actuarán en el sentido querido por el contenido de las mismas.

El operador se concentrará en la nuca del sujeto (o en las amígdalas, si las tiene todavía) y, en el caso de que se trate de excitar las defensas orgánicas, dirá:

— «Ahora, querido (nombre), tú potencias tus defensas orgánicas y las estimulas. Cualquier mecanismo de defensa, sea anticuerpo, enzima u otra cosa, tú lo harás funcionar perfectamente y al máximo, hasta que cures de tu enfermedad de forma rápida y perfecta.»

Esta fórmula es óptima para las enfermedades que necesitan precisamente una mayor defensa orgánica para ser vencidas. Por el contrario, si se trata de enfermedades de tipo alérgico, como el asma, el resfriado crónico y las distintas reacciones cutáneas, etc., habrá que adaptar la fórmula de modo que las fuerzas defensivas se calmen, y no se estimulen.

Por lo tanto, podremos utilizar una pequeña fórmula como ésta:

— «... Ahora voy a disminuir la introducción de sustancias defensivas en el organismo...

Cómo quitar el dolor: la insensibilización

A lo largo de este texto, hemos hablado ampliamente de la insensibilización. Volvemos ahora a este tema para ver cuál es la aplicación práctica que podría tener.

Nos dirigiremos al paciente hablándole con tranquilidad. Le miraremos fijamente y le diremos que se está durmiendo.

Haremos lo posible por apartar la atención del paciente del punto dolorido.

— «... Tú te estás relajando cada vez más, te estás durmiendo y ya no sientes el dolor...»

Se puede insensibilizar al paciente incluso sin dormirlo.

En ese caso, le diremos simplemente que la parte dolorida es insensible a todo estímulo, al dolor.

Cuando la orden mental ha sido dada, la parte en cuestión empieza a estar insensibilizada con toda seguridad.

El efecto de insensibilidad al dolor dura entre 20 minutos y algunas horas.

Para ello, hay que recordar que en la sugestión verbal que vamos a dar tendremos que determinar siempre la duración de la insensibilización, precisando que... «después de 4 (o 5, o 6) horas, tu sensibilidad habrá vuelto a ser normal...

Insensibilización en caso de accidente de tráfico

La técnica que acabamos de explicar puede ser magníficamente utilizada en el caso en que haya que insensibilizar a una persona traumatizada en un accidente de tráfico.

En una situación semejante, podemos perfectamente *dejar al sujeto despierto,* procurando tan sólo que nos mire *fijamente* mientras realizamos la sugestión verbal ya indicada.

Otra variante técnica que se podría aplicar en estos casos es la de hacer que la parte se vuelva todo lo *rígida* posible, y después *insensibilizarla* con órdenes verbales, a saber:

> — «Mírame, y sentirá tu brazo rígido; conforme yo te vaya hablando, tu brazo se irá poniendo rígido por momentos...; ... ahora tu mano ya no va a sentir nada... empezando por las yemas de los dedos... será completamente insensible... etc.»

Cuando hay heridas, la sangre, al estar la zona rígida, ya no circula casi, por lo tanto, sale menos, mucho menos, de la herida, y de ese modo se consigue el cese de la hemorragia.

Como recordatorio, conviene precisar que los «accidentes» son siempre buscados.

No se trata de faltas de atención, sino de una gran atención por parte de nuestro inconsciente, que en realidad quiere eso; puede ser un sentimiento de culpa, una necesidad de autocastigo, etc.

Aliviar el dolor: consejos y variantes

Eliminar el dolor no significar eliminar la causa del mal, por lo tanto aconsejaremos al paciente que acuda a los especialistas del caso.

Puede ser el dentista, el curandero, y así sucesivamente.

No obstante, el cese del dolor permite acelerar la curación de fracturas, heridas, desgarros, etc.

Si la PERSONA ENFERMA a la que tenemos que tratar está EN CAMA y no puede moverse, aunque no haya sido nunca sometida a hipnosis, hay que empezar inmediatamente con el *bloqueo ocular*.

Profundizando luego en el sueño hipnoidal, se alcanza el sueño medio.

Para eso, el operador apoyará las manos donde al paciente le duele, y mediante la técnica de la cuenta le dirá que el dolor se le está pasando.

> — «... Ahora voy a contar hasta 20, y, a cada número, tu dolor irá menguando cada vez más. Cuando diga 20, habrá desaparecido por completo...»

Sin embargo, antes de llevar a cabo esta sugestión, hay que asegurarse de que el sujeto esté bien relajado, sobre todo su zona dolorida.

Control de la «sensibilidad ante el dolor»

Será muy útil para todos conocer que, sabiendo que estamos afrontando algo físicamente doloroso, conviene descargarse «chillando».

Con este sistema descargamos la tensión y realmente sufrimos menos.

Cómo aliviar el dolor en un hombro, cómo tratar una fractura al aire con la técnica de los «bloqueos»

Si un sujeto siente «dolor en un hombro», habrá que bloquear el hombro enfermo y, mediante la sugestión verbal, contar de la siguiente manera:

— «Ahora voy a contar hasta 20, y, a cada número, el dolor irá menguando cada vez más. Cuando diga 20, el dolor habrá desaparecido por completo.»

¡Repetimos, una vez más, que sólo actuamos sobre el síntoma!

Cuando una persona se parte un brazo, tendrá una FRACTURA VISIBLE.

En ese caso, será muy útil «bloquear» el miembro.

De ese modo, no correremos el riesgo de que ciertos movimientos bruscos puedan cercenar los tejidos y tendones del mismo.

El bloqueo sirve, además, para predisponer el sujeto a la hipnosis propiamente dicha.

Primeros auxilios en caso de congelación

En caso de congelación, hay que hipnotizar al sujeto mediante sugestión verbal.

Le hablaremos de forma continuada y relajada, dándole las sugerencias más eficaces al respecto.

Averiguar luego si el sujeto está en condiciones de oír, de lo contrario le transmitiremos el mensaje, mediante hipnosis telepática, cogiéndole las manos.

Finalmente, crearemos corazones suplementarios por encima y por debajo de los órganos afectados por la congelación.

Calcificación de una fractura o cicatrización de una herida

En un sujeto que reacciona bien en la prueba de «hacer un objeto pesado», se puede ACELERAR TRES VECES EL TIEMPO necesario para la CURACIÓN de un miembro escayolado o de un desgarro.

En caso de heridas, el operador, tras haber conducido al sujeto a un estado de hipnosis profunda, dará la siguiente sugestión:

— «Tu herida se va a cerrar dentro de poco... no va a haber infección... la costra se formará muy bien, y la sangre circulará bien en esa zona, regando y oxigenando los tejidos perfectamente.»

En caso de fractura, el hipnotizador dirá que el hueso se está soldando muy bien y se está arreglando rápidamente.

Este tratamiento se puede hacer una vez al día.

Si se trata de una persona que está en cama, bastará con realizar el «bloqueo ocular».

Artrosis

Las causas de la artrosis son varias, pero su curación es fácil, mediante la hipnosis y el biomagnetismo.

El operador tiene que pensar en ir quitando el rojo con la técnica de la aspiración, poniendo sus manos cerca del punto dolorido, a unos centímetros de distancia.

En ocasiones, es suficiente el biomagnetismo sin hipnosis; ocurre lo mismo con los lumbagos.

Jaqueca

Independientemente de la búsqueda de una causa psicológica, que es siempre recomendable, las jaquecas se curan con el biomagnetismo.

Un simple dolor de cabeza se puede aliviar con pasos magnéticos de arriba abajo.

Histeria

Si el sujeto presenta alguna forma de «histeria», hay que hacer lo siguiente: después de las normales caídas, atadura de manos, bloqueo ocular y visualización del prado, hay que dar las sugestiones oportunas para que el sujeto tenga sueños en los que descargue sus tensiones de un modo agradable.

En la sugestión se introducirá tambien la orden de que estos sueños no le producirán pesadillas ni emociones, sino que, por el contrario, serán agradables.

Al despertar, los recordará perfectamente y con agrado, disfrutando al mismo tiempo de un estado de bienestar físico, psíquico y espiritual, con una actitud positiva hacia la vida y hacia aquello que le rodea, saboreando intensamente la nueva alegría de vivir que se ha apoderado de él.

La calma, la seguridad, el bienestar y la alegría morarán en su espíritu de forma duradera.

Cómo prevenir las consecuencias de los accidentes de tráfico

En el campo del autocontrol y de la autohipnosis, se pueden instaurar unas reacciones forzadas y preestablecidas, que se ponen en marcha en determinadas circunstancias.

Con este objeto, podemos darnos a nosotros mismos algunas instrucciones programadas según la reacción que queremos obtener precisanmente en determinadas situaciones.

Por ejemplo, prepararnos a reaccionar en caso de accidente puede resultar muy útil.

En este caso, sentados al volante de nuestro coche, y tras una respiración lenta y profunda, simularemos, por ejemplo, que estamos a punto de entrar en colisión frontal con cualquier obstáculo que no se puede evitar.

¡Cuando hagamos estas pruebas, obviamente, el coche estará... parado!

Después, imaginando precisamente el choque inminente, nos lanzaremos, por ejemplo, sobre el asiento lateral (si está libre), como si fuera un banco, protegiéndonos la cabeza con el brazo.

Habrá que volver a intentarlo una y otra vez hasta que lo hayamos dominado.

De ese modo, este comportamiento se instalará en nuestro inconsciente, y el mecanismo se pondrá en marcha de forma instintiva en caso de accidente.

En efecto, si se produce un accidente real, nuestro subconsciente, aun antes de que nuestra parte consciente se dé cuenta, habrá ordenado a nuestro cuerpo que se ponga en la postura programada, salvándonos así la vida.

Verrugas

Se lleva al paciente a un estado de sueño muy profundo.

A continuación, se estimula una afluencia de sangre en la zona afectada, hasta que se observa un notable enrojecimiento en la misma, llegando incluso a provocar una ligera hemorragia.

Tartamudez

También en este caso es necesaria una hipnosis profunda.

Continuaremos con una regresión en la memoria, conducida lentamente, para enfocar el momento en que el sujeto ha vivido el trauma.

El operador se preocupará obviamente de subrayar que dicho episodio ya no le pertenece, que ahora puede pronunciar bien cualquier palabra, porque su lengua se ha desatado y se mueve con mucha facilidad.

13ª LECCIÓN

Algunos trastornos sexuales

Puesto que a veces el origen de dichos trastornos es psicológico y fisiológico a la vez, se obtienen mejores resultados con otras terapias, por ejemplo, con la pranoterapia.

La hipnosis también es útil en este campo, ya que favorece la superación del problema sexual.

Por distintas razones, casi siempre por ignorancia o por una educación equivocada, el tema del sexo, en efecto, se suele afrontar con una actitud que refleja, de manera consciente e inconsciente, el complejo sexual: se producen dos tipos de reacciones, o bien hay actitudes de evidente malestar, o bien hay actitudes de ostentación y dominio.

La intervención del operador, que sirve sobre todo en casos de impotencia, frigidez y eyaculación precoz, consistirá en sugerir sensaciones de tranquilidad, eliminando el miedo del sujeto:

— «... tú eres perfectamente normal... para ti es natural tener relaciones con...»

Dificultades sexuales varias

Respecto a la sexualidad, existen las sensibilidades ortodoxas, pero existen también las sensibilidades heterodoxas.

Hay fenómenos de sadismo, masoquismo, fetichismo; hay sensibilidades agudas, que pueden asumir las formas más variadas, y, por lo tanto, también las exigencias más impensadas, condicionando de ese modo toda la fenomenología psicofisiológica de la unión sexual.

Hay que determinar las sensaciones del sujeto, buscar su causa, precisar, además, los mecanismos que operan desde la causa hasta el síntoma, y planear un tratamiento en relación con lo que emerge de dichas operaciones.

Si hay fenómenos de distorsión del gusto sexual, es preciso infravalorar el objeto de dicho gusto, naturalmente con una logoterapia previa, que demuestre la importancia y naturaleza de la sexualidad.

La frigidez y la impotencia

La hipnosis puede servir también, con notables efectos, para resolver el problema de la frigidez.

Con frecuencia, la situación psicológica de las personas que dicen ser frígidas se resuelve fácilmente con la hipnosis, ya que casi siempre ésta está motivada por razones psicológicas, o por una educación religiosa equivocada.

Con una autopreparación, se puede resolver así el problema de la satisfacción sexual, tanto masculina como femenina.

En efecto, uno de los sistemas que podemos utilizar con provecho para nosotros mismos será el de establecer una palabra-clave para programarnos a determinadas exigencias (por ejemplo, para tener una erección) o para eliminar un bloqueo psicológico.

Muchas veces, lo que falta en una relación es la fantasía, sobre todo por parte del varón.

La fantasía en una pareja puede significar alcanzar una satisfacción mayor por parte de ambos, y es un primer paso para resolver muchos tabúes.

El hecho mismo de hablar de estas cosas puede ayudar: ¡la logoterapia es terapia de la palabra!

La frigidez en particular

Siempre está motivada por la presión del ambiente familiar, o bien porque el sexo ha sido presentado como algo pecaminoso, o bien porque al varón se le ve como a un ser ávido, una especie de ogro, bajo un aspecto falsamente atractivo.

La logoterapia insiste en la dignidad y belleza de las diferentes tareas sexuales, en la belleza y ternura de la maternidad, en el hecho de que hay hombres muy respetuosos, y hombres poco eficaces en el aspecto sexual, que, por lo tanto, no son ogros, ni mucho menos.

Los efectos de la logoterapia tendrán que ser introducidos en el inconsciente, repitiendo la misma a nivel inconsciente durante la hipnosis.

Si existe una predisposición por la ternura, sobre todo hacia los niños, hay que procurar intensificar el instinto de la maternidad; eso puede ayudar a superar la frigidez.

A veces puede que sea necesario (aunque éste es un campo muy insidioso para el operador), describir con detalle las técnicas incluso instintivas con las que se pasa del deseo sexual a la realización del mismo en todas sus fases. (¡Cuidado con el «transfert»!).

Eyaculación precoz

Se debe o bien a hipersensibilidad, o bien a un exceso de ternura (relajamiento neuromuscular extremado), o a reacciones nerviosas precipitadas.

Se han encontrado también casos de eyaculación precoz en hombres que han recibido una educación rígida y, lo que es más interesante, en hombres que detentan ciertos cargos que les exigen una vida sexual irreprensible, de la que ellos se zafan con una vida más o menos libertina.

En este último caso se produce la «neurosis legalitaria».

En efecto, en sujetos predispuestos, cuando hay un sentido de la responsabilidad bastante agudo, si ocupan un cargo y no son capaces de observar esta moral irreprensible, como ya hemos dicho, se forma un automatismo neurótico que les impide el coito, para evitar al máximo la posibilidad de que su acto tenga consecuencias que podrían arruinar su vida, o bien tiene lugar, como hemos dicho, la eyaculación precoz.

Por lo tanto, la eyaculación precoz puede ser motivada también por una «neurosis legalista» que puede producir varios trastornos sexuales.

La eyaculación precoz se resiste a todo tipo de terapias.

Conviene ayudar al sujeto a practicar la autohipnosis, ahondando en ella de tal forma que el sujeto pueda estar en hipnosis incluso moviéndose, ordenándole que haga ejercicios de movimientos en autohipnosis, y que lleve a cabo el acto sexual en estado de autohipnosis, con la orden de que la eyaculación se produzca después del orgasmo de la mujer con la que está unido.

La repetición del coito bajo autohipnosis en estas condiciones debería conducir a la curación.

Anticonceptivo hipnótico, es decir, la píldora hipnótica

El empleo de la hipnosis representa el sistema más natural de control de los nacimientos, a pesar de que, en la situación actual, por supuesto no se puede pensar en su difusión.

A falta de personas de confianza, el operador podrá siempre aplicarlo a su pareja, pero en este caso es necesario que ambos hayan seguido el curso de hipnosis.

Si la pareja es varón, una vez inducido en hipnosis profunda, el operador dirá: «... tus espermatozoides son lentos... muy lentos... no consiguen recorrer el canal uterino... no pueden alcanzar el óvulo...» Y si es hembra, dirá: «... los espermatozoides no pueden avanzar hacia tu matriz porque se encuentran con un ambiente ácido... muy ácido... la ovulación no se produce...»

Piedrecitas

Conviene actuar sólo sobre piedras muy pequeñas, tanto si son *renales* como si son *hepáticas*.

Cuando el sujeto esté inmerso en un sueño muy profundo, se dirige su atención hacia el órgano donde están las piedras, si es preciso guiándole la mano, con la debida sugestión, hasta tocar el órgano en cuestión.

La acción tendrá que durar cerca de veinte minutos, y aprovecharemos ese tiempo para «presentar» el mensaje adecuado:

— «... Ahora, la piedra de tu riñón (por ejemplo) empieza a fundirse...», y así sucesivamente.

Trastornos hepáticos

Los trastornos hepáticos se deben casi siempre a cólera mal reprimida.

El tratamiento puede ser el siguiente:
Llevar a cabo sugestiones hipnóticas restando importancia a la conducta irracional ajena, técnicas para estimular la euforia, y aplicaciones de biomagnetismo en la zona afectada.

Los exámenes, el estudiante y la memoria

La ansiedad de la espera, el día de los exámenes, produce en el estudiante una tensión continua y exasperante, con efectos deprimentes y a la vez excitantes que deterioran las posibilidades de autodominio, de control y gobierno de la actividad mental, comprometiendo el éxito de los exámenes.

Para mejorar la situación del estudiante, hay que actuar sobre estos tres puntos:

— Que el aprendizaje sea eficaz y automático.
— Que sea automático y ordenado el flujo de la memoria respecto a todo cuanto hace falta para contestar a las preguntas en el examen.
— Inspirar una agradable seguridad de que en el momento del examen todo irá bien.

Para realizar estas condiciones, hay que dar las sugestiones hipnóticas debidamente planeadas.

Cómo quitar un vicio o un hábito compulsivo: por ejemplo, el vicio de fumar

Para anular o quitar un vicio o un hábito instintivo, hay que buscar el origen de esa acción, ya que podría tratarse de la satisfacción de un desahogo psíquico.

La ventaja que proporciona este vicio sería, por lo tanto, la anulación de una carga latente que, si no halla un desahogo hacia fuera, puede desahogarse en el interior del organismo, convirtiéndose seguramente en una enfermedad psicosomática.

Por lo tanto, hay que tener mucho cuidado, a la hora de tratar una cosa conocida, para no sustituirla con otra cuya causa y efecto se desconocen.

Si queremos eliminar una acción externa, tenemos que sustituirla con otra acción externa.

Por ejemplo: en lugar de encender un cigarro, le diremos al sujeto —durante las sugerencias hipnóticas— que haga otro movimiento, como rascarse la nariz o saltar, o meterse en la boca un palillo, cosa que, con el tiempo —puesto que no le proporciona ningún placer— el sujeto dejará de hacer por completo y de manera automática.

Ésta es una de las razones por las que dicen que es más fácil fundir las piedras en el hígado de una persona que hacer que deje de fumar: ¡nadie se encariña con las piedras, ya que sólo poducen dolor, mientras que el pitillo proporciona placer!

Por lo tanto, para estas imposiciones poshipnóticas, por sistema, habrá que ponerse de acuerdo anteriormente con el sujeto respecto a la acción sustitutoria sobre la que prefiere desviar el síntoma alusivo.

Sería mejor todavía, bajo todos los aspectos (porque se afrontaría el vicio, o el hábito, desde la raíz) descubrir la razón última, el motivo que ha impulsado el sujeto a contraer ese hábito concreto.

Mediante la regresión de la memoria, es posible y deseable llevar a cabo esta búsqueda. Una vez encontrada la causa, actuaremos sobre la misma, desmitificándola oportunamente y reforzando el yo.

Conclusión

Y aquí terminamos, dejando que cada operador investigue y experimente por su cuenta, siempre con humildad y amor fraterno.

Puede que, para algunas personas, la hipnosis sea ese momento de búsqueda que conduce a un viaje cansado.

¡La meta de ese viaje podría ser esa habitación que está dentro de su corazón, y que encierra todo el Universo!

ÚLTIMOS TÍTULOS PUBLICADOS
DE LA COLECCIÓN LA TABLA DE ESMERALDA

- 115 PROTECCIÓN ESPIRITUAL, por Draja Mickaharic.
- 116 MANUAL PRÁCTICO DE LA REENCARNACIÓN, por J. H. Brennan.
- 117 LOS FARAONES PERVIVEN EN NOSOTROS, por Georges Romey.
- 118 LOS SECRETOS DE LA ANTIGUA BRUJERÍA, por Arnold y Patricia Crowther.
- 119 ÉXTASIS RITUAL, por Brandy Williams.
- 120 EL MUNDO MÁGICO DEL ANTIGUO EGIPTO, por Christian Jacq.
- 121 ARTE Y PRÁCTICA DE CONTACTAR CON EL DEMIURGO, por Ophiel.
- 122 LOS HECHIZOS DEL TAROT, por Janina Renee.
- 123 EL TAROT NÓRDICO, por Clive Barrett.
- 124 RECETARIO DE LA BRUJA MODERNA, por Sarah Lyadon Morrison.
- 125 LEA EL FUTURO CON LOS POSOS DEL CAFÉ, por Antares Giovanna Moia.
- 126 MANUAL DE SUEÑOS DE LA BRUJA MODERNA, por Sarah Lyddon Morrison.
- 127 LAS CLAVÍCULAS DE SALOMÓN, por Eliphas Levi.
- 128 ¿ES USTED MÉDIUM?, por Marc Aurive.
- 129 EL NECRONOMICÓN, recopilado por Simon.
- 130 MÁS ALLÁ DEL PODER DEL PÉNDULO, por Greg Nielsen.
- 131 CURSO DE HIPNOSIS EN 13 LECCIONES, por Oberto Airaudi.
- 132 LA MAGIA DEL TAROT, por Esperanza Gracia.
- 133 LA MAGIA DEL ZODIACO, por Esperanza Gracia.
- 134 MAGIA GITANA AMOROSA, por Raymond Buckland.
- 135 AROMATERAPIA MÁGICA, por Scott Cunningham.
- 136 SENDA DIVINA (2ª PARTE. DE OM A YOGASANAS), por Sri Suami Sivananda.
- 137 SU NÚMERO DE LA SUERTE, por S. J. Culbert.
- 138 APRENDA A CONSULTAR EL TAROT, por Hajo Banzhaf.
- 139 A LOS QUE BUSCAN LA VERDAD, por Alain Guillo.
- 140 EL LIBRO OCCIDENTAL DE LOS MUERTOS, por Jean Prieur.
- 141 PARAPSICOLOGÍA Y REENCARNACIÓN, por Raymond Réant.
- 144 ENCHIRIDIÓN DEL PAPA LEÓN III, por el papa León Magno.